企业6S
精益管理实战

李家全◎著

中国铁道出版社有限公司
CHINA RAILWAY PUBLISHING HOUSE CO., LTD.

图书在版编目(CIP)数据

企业6S精益管理实战/李家全著．—北京：中国铁道出版社
有限公司，2023.5
ISBN 978-7-113-29521-9

Ⅰ.①企… Ⅱ.①李… Ⅲ.①制造工业-精益生产-工业企业
管理-生产管理 Ⅳ.①F407.406.2

中国版本图书馆CIP数据核字（2022）第143530号

书　　名：**企业6S精益管理实战**
　　　　　QIYE 6S JINGYI GUANLI SHIZHAN
作　　者：李家全

责任编辑：陈　胚　　　　　　**编辑部电话**：(010) 51873237
封面设计：仙　境
责任校对：安海燕
责任印制：赵星辰

出版发行：中国铁道出版社有限公司（100054，北京市西城区右安门西街8号）
网　　址：http://www.tdpress.com
印　　刷：北京联兴盛业印刷股份有限公司
版　　次：2023年5月第1版　2023年5月第1次印刷
开　　本：710 mm×1 000 mm　1/16　**印张**：14.5　**字数**：219千
书　　号：ISBN 978-7-113-29521-9
定　　价：69.00元

推荐序一

使命,让我们精益人携手向未来

在读李家全先生的这本《企业 6S 精益管理实战》文稿时,我正忙于国际精益智造云学堂"维豪精益大讲堂"的网课录制及推广活动。其间,我与李家全先生在精益论坛上巧遇,李先生给我的印象是谦虚活泼,好学上进,勤奋务实。当我读完他的这本文稿后,有了不少思考。我现在就按李先生的章节顺序来撰写此序言。

第 1 章,开门见山地提出企业为什么要推行 6S 精益管理;第 2 章指出推行 6S 精益管理的内容,把 6S 的整理、整顿、清扫、清洁、素养、安全每一个细节都做了深入浅出的介绍;第 3 章,主要描述如何有效地推行 6S 精益管理;第 4 章,介绍了推行 6S 常用的工具与方法;第 5 章,以图文并茂的方式,对办公室 6S 精益管理做了详细的介绍;第 6 章,描述了仓库 6S 精益管理;第 7 章,描述了 6S 精益管理可视化标识管理实战;第 8 章,讲述了 6S 精益管理的实战道具;最后,附有李先生亲自辅导过的实战案例,以及就 6S 精益管理常见咨询问题,答读者问。

管理咨询工作本身就非常忙碌,尤其是像他这样既从事咨询实战落地又负责运营管理的人,身兼数职,有时候更是身不由己,读书和写作只能安排在空闲的时间里,就像鲁迅先生说的,把人家喝咖啡的时间都用在工作上。可见,他是一个勤奋、努力、上进的人。

本书中,除了视野开阔、内容丰富以及实战实用等特点值的赞许外,更包含大量的实用性工具以及笔者亲身经历、亲自辅导的企业 6S 精益管理案例,这些案例尤其珍贵。

企业 6S 精益管理之路是艰辛漫长的,经过数十年的耕耘,喜见许多从事精益管理的后起之秀逐步成长,队伍逐渐壮大,为我国制造企业的管理提升所做的贡献也逐渐显现,一路走来,是使命,让我们精益人携手向未来。

蒋维豪

2022 年春于上海

蒋维豪,中外知名精益大师;著名丰田模式研究专家;中国企业管理科学研究院企业管理创新研究所副所长。

推荐序二

李家全先生说,最近他准备出版一本有关6S精益管理的书,把书稿发给了我,邀请我写一个序。

我从头到尾认真读了两遍,感受到了李家全先生的努力和进取的精神,感受到了他务实工作和服务企业的真心,也看到了他多年培训和指导很多企业取得的一些可喜成果。虽然这些内容在技术上还有很多需要提升,方法上还有很多需要提炼,认识上还有很多需要深化的地方,但是我觉得,对于那些想了解6S精益管理的人士来说,他有很多值得学习和借鉴的地方。

我之前也出版过《5S落地之道:关田法》《精益落地之道:关田法》《JIT落地之道:关田法》等书籍。作为精益管理的同仁,我想我应该认可李家全先生这些成绩,更应该鼓励李家全先生今后做得更好,做得更专业,做得更精益。所以我决定为李家全先生这本书写序。

首先,我从6S说起。

6S是实践,不是理论。这本书以李家全先生的实践经历和经验为主要内容。在各个章节里附有大量实践的案例和图片,特别是在案例篇中,专门介绍了他实际指导企业的全过程和成果的案例。其中有很多不同类型的企业,可以作为各位的参考和借鉴。

在6S的实践过程中,各位可能会有各种各样的疑问和困惑,这本书中还就读者疑问进行答疑,这些也是作者在实践工作中遇到的各种各样的提问和解答。

在6S的实践过程中,会应用到一些道具和表格,这些道具和表格可以规范6S的实施,提高6S的实施效率。本书从头到尾,应用了许多道具,这些内容读者可以在实施过程中,结合自己企业的实际情况,活学活用。

6S 中的前 5 个 S 整理、整顿、清扫、清洁、素养是核心思想,它们不是五个步骤,这个核心思想就是消除浪费。消除物的浪费,消除人的浪费,消除流程的浪费。所以 5S 不是拿来主义,而是要充分理解这个核心思想,从消除浪费的视点,结合读者自己企业的实际情况,实施企业自己的 5S。

整理、整顿、清扫、清洁、素养,是科学的管理方法。我们在实施 5S 时,不仅要对管理层、经营层有充分的认识和行动,而且还要身先士卒,投入 5S 的改善之中。一切的 5S 改善成果都要体现在管理上,体现在管理的提升上。

整理、整顿、清扫、清洁、素养,是管理的落地论,落地点就是 SQCD;实施"5S"不是为了清洁干净,更重要的是要解决 SQCD 的问题,是以 SQCD 的实际痛点作为 5S 的切入点,这样才能取得真正的实效,才能真正为企业创造价值。

整理、整顿、清扫、清洁、素养,是育人的终极武器。5S 的最高境界是人的自主自律,以此为目标,通过参与、改善,不断提高人的参与意识、改善意识、主人意识,这样才能真正做到持续改善,实现真正意义上的自组自律的企业文化。

以上的内容也作为对李家全先生成绩的认可和勉励,李家全先生在 5S 的基础上,加上了安全,成为 6S 精益管理,并在上百家企业中实践检验,更值得读者参考。

关田铁洪

2022 年春于东京

关田铁洪,日本能率协会资深专家,国家外国专家局专家,同济大学 MBA 企业导师,中国科学院人才开发中心 IE 首席专家,"关田法"创始人。具有日本 IE 士资格(工业工程日本国家最高资格),获得美国 MOST 和 MTP 资格、ICMC(国际注册管理咨询师)和 JCMC(日本注册管理咨询师)资格。

推荐序三

实干才会赢

春节,我和家全一起回老家过年。他说他写了一本书,叫我作序。我不加思索,答应了,因为我非常了解他。

回单位不久,我便收到他发来的电子版书稿。我原以为是文学作品,因为他经常发表一些散文,但打开一看,才发现是一部企业管理的图书,是他将在全国各地进行企业管理培训的讲稿和做咨询的案例整理而成的,洋洋洒洒,十多万字,而且图文并茂,颇有震撼力。但此时,我却感到为难起来,因为我不懂企业,更不懂企业6S管理。

但是,总不能交白卷吧。于是,我只有硬着头皮通读全书。其实,这也是我学习的一个过程,它至少让我知道什么是5S/6S精益管理,推行6S精益管理,可以改善和提高企业形象、提高企业效率、消除故障、保障品质、保障企业安全生产、降低生产成本、改善员工的精神面貌,使组织活力化,缩短作业周期,确保交货时间,让企业赢利最大化。

为了赢利最大化,企业不仅仅要生产、经营,还要有规范的管理、精细的管理,更需要专业的咨询团队对其进行系统的培训和指导。

李家全说:"有些管理者认为,6S这种简单的管理体系用不着花钱请咨询机构指导,自己就可以指导。不可否认有些管理者对6S的认识与理解水平一点不低于咨询机构的老师,但在实践推进中,光认识和了解这套方法是不够的,内部管理者的指导与督促代替不了外部咨询老师的工作。当某个部门的6S工作没有做好,咨询师会以专业教练的身份进行批评与指导,找出问题及需改进的地方,对于这些问题，一般部门主管往往能接受，因为咨询师是以第三方的身份提出问题，观点是不偏不倚的；倘若内部某个管理者提出了这些问题，往往责任部门不服气，认为有偏袒，这样就难以改进。所以与咨询机构共同推进 6S 管理，这是最好的推进组织形式。"

写到这里，我突然不想谈这本书了，而是想说说李家全本身。家全是个苦孩子，他的童年是灰暗的，但他却从小就有一股韧劲儿，一股不服输的韧劲儿。这股韧劲儿让他勤于思考，敢于打拼。从湖南一所普通高校毕业后，他毅然放弃老家安稳的工作，独自外出闯荡。从企业基层岗位干起，一步一个脚印踏上集团公司高管的位置，不服输的他还在浙江创办过实业公司。但是，由于缺乏周转资金，公司倒闭，一度负债累累。后来是他的诚信感动了温州人，是"诚信温州"让他重获生机。

多年来，李家全为数百家企业做过咨询和培训，通过运用专业工具优势来解决企业存在的问题，为中小企业提供务实的简单化管理。

很多企业老总都亲切地称李家全为老师，可老师"光环"的背后，更多的是打拼实干的辛苦付出与辛勤汗水。不过，这更是积累经验的一个过程。如果没有这么一路风雨，如何能见彩虹！如果没有苦挣苦熬，这本书又如何能够面世！只要那股韧劲儿还在，只要苦拼实干的精神不灭，经验自然会越积越多，功底自然会越扎越实，书就会越写越多，越写越好。

是以为序。

李文明

2022 年 3 月

李文明，中国作家协会会员，贵州民族大学客座教授，凯里学院客座教授，现任贵州省黔东南苗族侗族自治州文学艺术联合会主席。著有《远去的风情》《中国秘境之旅——贵州黔东南》《千年短裙》《情暖侗乡》《我们这五年》《北京来的第一书记》等多部文学作品。

推荐序四

6S:从改变认知开始

当李家全老师告诉我他要出一本书,是关于 6S 精益管理的,邀请我为他的新书写序时,我感到非常荣幸,也颇感意外。因为我从来没有想过自己能够有幸为管理老师的书写序。借此机会,我翻阅了这本书稿,书中的内容是结合企业实际案例,图文并茂,清晰地阐述了整个 6S 管理过程的。

2016 年的夏天,在我们推行"6S 精益管理项目"启动大会上,我认识了李家全老师,当时,他作为项目组老师给我们讲解 6S 管理的目的和意义。说实话,当时我并不相信这个项目能够做多好,听过也就罢了。项目开始后,项目老师们每天进行各种调查、测量,并且不停地给我们下达各种任务工作。一开始我们的员工并不习惯这种不断的改变:一种从自由到被管理制度束缚的改变,认为做 6S 管理就是浪费人力、物力和财力,并开始各种对抗和辞职威胁。

后来,李老师通过培训会再次强调 6S 管理的意义和目的,从小区域开始着手试行,打造 6S 标杆,然后再在全公司范围推行,在李老师及其团队的帮助和指导下,如今公司各个部门已能自主执行各种 6S 制度。一个真正助力企业的项目老师不多,而李家全老师在执行和推动项目时会亲力亲为,现场布置和指导,甚至亲自动手;同时还经常开展 6S 知识培训和员工互动,逐步改变我们对 6S 的认知。在此也非常感谢李老师对工作的认真和对项目执着的推动。

一个家需要整理得井井有条,才能温馨,企业也是一样。当企业变得整洁、有序和安全时,质量才有保障,客户才会放心,我切身体会到 6S 精益管理对企业产生的效果和对员工思想认知带来的改变。

　　我相信读者阅读过此书后，一定能从中产生一些企业管理的共鸣，改变一些认知，同时也一定会有很多的收获。

浙江超伟机械有限公司董事长

丁善玉

2022 年 3 月

目 录

第1章 企业为什么要推行6S精益管理 / 1

1.1 什么是6S精益管理 / 1

1.1.1 什么是6S / 1

1.1.2 企业6S精益管理的内容 / 2

1.2 一流的现场是企业的"金名片" / 3

1.3 有效推行现场6S管理能给企业带来什么好处 / 5

1.4 企业推行6S管理存在的误区 / 9

1.5 现场6S管理布局三原则 / 12

1.6 企业什么时候推行6S管理最合适 / 14

1.7 推行6S没有必要玩玄虚的数字游戏 / 15

1.8 通过全员参与迈向自主化管理 / 16

第2章 6S精益管理的内容 / 18

2.1 6S精益管理之一:整理 / 18

2.1.1 整理的意义 / 18

2.1.2 整理的步骤 / 19

2.1.3 整理的方法 / 19

2.2 6S精益管理之二:整顿 / 22

2.2.1 整顿的意义 / 22

2.2.2 整顿的步骤 / 22

2.2.3 整顿的方法 / 24

2.3 6S精益管理之三:清扫 / 25

2.3.1 清扫的意义 / 25

2.3.2 清扫的步骤 / 26

2.3.3 清扫的方法 / 29

2.4 6S 精益管理之四:清洁 / 31

2.4.1 清洁的意义 / 31

2.4.2 清洁的步骤 / 31

2.4.3 清洁的实施方法 / 36

2.5 6S 精益管理之五:素养 / 38

2.5.1 素养的意义 / 38

2.5.2 素养的具体推行步骤 / 39

2.5.3 提升素养常用的工具与方法 / 41

2.6 6S 精益管理之六:安全 / 47

2.6.1 安全的意义 / 47

2.6.2 安全的步骤 / 48

2.6.3 推行 6S 管理中常见的安全标志及应用 / 50

第 3 章 如何有效推行 6S 精益管理 / 55

3.1 获得公司高层的支持 / 55

3.2 有效借助外力 / 56

3.3 发动公司全员参与 / 57

3.4 成立 6S 管理推进组织 / 58

3.4.1 组织的职责 / 59

3.4.2 组织架构职位说明 / 59

3.5 制订推行方案及计划 / 60

3.6 成立样板区试点推行 / 61

3.6.1 在哪些区域成立样板试点区 / 62

3.6.2 样板区域 6S 实施步骤 / 63

3.7 开展广泛教育培训 / 64

3.8 积极营造推行 6S 管理的氛围 / 65

3.9　6S 精益管理推行成功的九大要领 / 67

3.10　6S 精益管理改善的十大法则 / 69

3.11　现场 6S 管理的五化标准 / 75

第 4 章　推行 6S 精益管理常用的工具与方法 / 81

4.1　红牌作战 / 81

4.2　看板作战 / 85

4.3　形迹管理 / 87

4.4　PDCA 循环法 / 89

4.5　定点摄影 / 91

4.6　五现管理 / 93

第 5 章　办公室 6S 精益管理 / 100

5.1　办公室 6S 精益管理之整理 / 100

5.2　办公室 6S 精益管理之整顿 / 103

5.3　办公室 6S 精益管理之清扫 / 105

5.4　办公室 6S 精益管理之清洁 / 106

5.5　办公室 6S 精益管理之素养 / 110

5.6　办公室 6S 精益管理之安全 / 112

第 6 章　仓库 6S 精益管理 / 115

6.1　科学合理地做好仓库布局 / 115

6.2　如何提升仓库 6S 管理软实力 / 116

6.3　规范仓库作业流程 / 117

6.4　库存物料盘点 / 121

6.4.1　盘点方法 / 122

6.4.2　盘点的好处 / 123

6.4.3　盘点中存在的问题 / 124

6.5　对呆废料的处理 / 124

6.5.1　什么是呆废料 / 124

6.5.2　如何预防过多出现呆料 / 125

6.5.3　在推行仓库 6S 管理中,如何处理呆废物料 / 126

第 7 章　6S 精益管理中可视化标识管理 / 127

7.1　标识管理标准 / 127

7.1.1　定位线标识 / 127

7.1.2　区域牌标识 / 128

7.1.3　危险区域标识 / 129

7.1.4　灭火器/配电柜/消防栓标识 / 130

7.1.5　推拉门的标识 / 131

7.1.6　办公桌面物品定置标识 / 132

7.1.7　抽屉标识 / 133

7.1.8　文件框及文件夹标识 / 133

7.1.9　文件柜/资料柜/物品存放柜标识 / 134

7.1.10　文件盒标识 / 135

7.1.11　报刊架标识 / 135

7.1.12　清洁工具标识 / 136

7.1.13　电源开关标识 / 137

7.1.14　插头/插座/电源线标识 / 137

7.1.15　门牌标识 / 138

7.1.16　生产现场设备定位标识 / 139

7.1.17　通道地面线标识 / 140

7.1.18　零件放置区标识 / 141

7.1.19　转工车、移动车标识 / 141

7.1.20　行车标识 / 142

7.1.21　工具标识 / 143

7.1.22　手套/绳索的保管方法 / 144

7.1.23　管道流向标识 / 144

7.1.24　外围管架管线标识 / 145

7.1.25　各种通道标识 / 146

7.2　推行 6S 管理常用的标识、规格及材料要求 / 148

第 8 章　精益 6S 管理实战道具 / 155

8.1　常用道具箱 / 155

8.1.1　精益产线 / 155

8.1.2　生产看板管理 / 159

8.1.3　呼叫警灯 / 162

8.1.4　计数器 / 164

8.1.5　修理台 / 166

8.1.6　暂置台 / 167

8.1.7　抽检台 / 168

8.1.8　巡检推车 / 169

8.1.9　零件推送车 / 170

8.1.10　包材推送车 / 173

8.1.11　桥架 / 174

8.1.12　刀具台 / 175

8.1.13　标准类挂架 / 177

8.1.14　货架 / 178

8.1.15　工序内检验台＋不良品溜槽 / 180

8.1.16　不良品推车 / 181

8.2　环氧地坪 / 182

8.2.1　环氧平涂地坪 / 182

8.2.2　环氧砂浆地坪 / 183

8.2.3　乙烯基酯重防腐地坪 / 184

8.2.4　水性环氧地坪 / 185

8.2.5　环氧自流地坪 / 187

8.2.6　环氧防静电地坪 / 188

附录一　企业咨询案例 / 190

浙江××汽车零部件有限公司 6S 标准化管理案例 / 190

浙江××机械有限公司 6S 管理咨询案例 / 193

××锁业有限公司精益生产项目咨询案例 / 195

浙江××机械有限公司 6S 现场标准化管理咨询案例 / 197

浙江××紧固件有限公司 6S 标准化管理咨询案例 / 199

瑞安市××汽车单向器有限公司 6S 管理咨询项目案例 / 201

浙江温州××汽车配件有限公司 6S 管理咨询案例 / 204

××电子科技有限公司 6S 标准化咨询项目案例 / 206

江苏××实业有限公司精益生产咨询项目案例 / 208

浙江××汽摩附件有限公司 6S 管理咨询案例 / 209

附录二　作者就 6S 精益管理问答 / 211

第1章 企业为什么要推行 6S 精益管理

如今,物联网、大数据、云计算等新一代信息技术,已经贯穿设计、生产、管理、服务等制造活动的各个环节,这些工业物联网已经为制造业带来翻天覆地的变化,推动经济发展方式由生产驱动向创新驱动转变,促进产业结构调整。

随着我国经济快速发展,企业的人力成本、材料成本、环境维护成本持续增高,如果企业仍然靠低成本的劳动力、资源、传统的制造方式必然会遭到淘汰。企业从粗放式生产转向精益生产已经势在必行,通过推行精益生产消除浪费,以实现提高质量、降低成本和缩短提前期的效果。

1.1 什么是 6S 精益管理

1.1.1 什么是 6S

一般来说,6S 是指:整理(SEIRI 日语发音,下同)、整顿(SEITON)、清扫(SEISOU)、清洁(SEIKETSU)、素养(习惯)(SHITSUKEI)、安全(SAFETY)。其中整理、整顿、清扫、清洁、素养这"5S"是由日本企业所发明,用日语发音,都是以"S"开头,故而被称为5S。后来在企业运营中,人们意识到安全也是非常重要的项目,而安全的英文字母也是以 S 开头的,所以 5S 加入安全后,被统称为 6S。

企业 6S 精益管理是用于工作现场管理的,是一套行之有效的规范化管理模式。常用于对工厂车间、办公场所等的管理。通过实施 6S 精益管理,能够解决现场脏乱差、杂乱无章、效率低下、安全隐患多、材料损耗大等问题。

1.1.2 企业 6S 精益管理的内容

6S 精益管理主要包括以下几个方面:

1. 整理

所谓整理就是将公司(工厂)内需要与不需要的东西,如多余的工具、材料、半成品、成品、文具等,予以区分。把不需要的东西搬离工作场所,集中、分类并予以标识管理,使工作现场只保留需要的东西,让工作现场整齐、漂亮、清爽,让工作人员能在舒适的环境中工作。

2. 整顿

整顿就是将整理时已区分好的,工作现场需要的东西予以定量、定点,并予以标识,存放在可以随时拿到的地方,如此可以减少因寻找物品而浪费的时间。

3. 清扫

清扫就是使工作场所没有垃圾、脏污,设备没有灰尘、油污,即对整理、整顿过的东西时常予以清扫,使其保持随时能用的状态,这也是清扫的第一个目的。清扫的第二个目的是,在清扫的过程中去目视、触摸、嗅、听,从而发现不正常的垃圾、脏污根源并予以改善。清扫是要把表面及里面(即看到的和看不到的地方)的东西清扫干净。

4. 清洁

清洁就是将整理、整顿、清扫后的清洁状态予以维持,更重要的是要找出不清洁的根源并予以排除。例如工作场所脏污的源头,造成设备油污的漏油点、设备的松动等。

5. 素养

素养就是全员参与整理、整顿、清扫、清洁的工作,保持整齐、清洁的工作环境。为了做好这个工作而制定各项标准供大家遵守,大家都能养成遵守标准的习惯。

6. 安全

将工作场所会造成安全事故的发生源,如地面油污、过道堵塞、安全门被堵塞、灭火器失效、材料和成品堆积过高有倒塌危险等安全隐患,予以排除或进行有效预防。

企业 6S 精益管理活动强调的最主要两方面:首先是地、物的明朗化,即以客人的眼光或新进员工的眼光来看待场所,是否能看得清清楚楚、明明白白;其次强调的是人的规范化,即每个员工做事非常用心、非常严谨,各工序按照作业标准操作。

前一阵子,我走访了浙江一家民营企业。远远地,公司楼顶上挂的"国家高新技术企业"几个字就映入我的眼帘,公司办公大楼在阳光的照耀下很是亮眼。可是当老总把我带到车间,我却看到货品摆放得乱七八糟,地上遍布尘土,产品包装纸扔了一地,产品连个标识卡都没有,拖把、扫把、工具等物品都随便乱放。

走完车间,老总把我带进他们的会议室。在这家企业的会议室,我又看到了相似的情况,用过的纸杯没有收拾,桌面上一层灰尘,椅子放得东倒西歪……

其实,高端客户一定会选择高品质的企业。在日常的工作中,有很多细节之处会影响公司的发展。比如办公场所脏乱差,会让来访的客户感觉非常不舒服;物品随意摆放,等到用时找不到;厂房设备布满灰尘、保养不到位,导致设备寿命和精度严重受损;原料、半成品、成品、边角料等物品放置错乱,导致工作效率低下,产品产量、品质下降;办公资料乱放,找起来费时费力,严重影响工作效率;工作场所混乱,工作人员衣冠不整,奇装异服,给客户带来不适感等,这些都会严重影响产品销量和企业形象。

而企业 6S 精益管理所要做的,就是提升企业的品质!企业 6S 精益管理一方面强调物品的明朗化,人的规范化;另一方面 6S 管理也是一种行动,通过人的思考方式和行为品质的改变,来改变公司的管理水准,体现公司的整体精神风貌。

1.2　一流的现场是企业的"金名片"

男生给女生的第一印象,往往决定着接下来男生追求女生的难易程度。第一次见面,表现得好,胜过后期 10 倍的努力。所以,想要把握好自己的缘分,首先要在第一印象上争取更高的分数。同样，一家工厂留给客户或参观者前几分钟的感觉和印象会是最深刻的，假如客户进入工厂的第一感觉是员工工作步调紧凑，工作态度严谨，士气高昂，东西都摆放得整整齐齐、产品制造过程井然有序，那么客户一定对其产品的品质放心。

井然有序的工作环境

但如果客户一进入工厂的大门就看到车辆停摆零乱，四周杂乱不堪；踏入办公室时，每个人的办公桌上凌乱不堪，满地垃圾，那么客户必定打心底里怀疑工厂的管理能力，对其产品的品质自然是没有信心。客户哪还有下订单的勇气呢？！

物料随意放置，凌乱不堪

　　我从事管理咨询后,到过国内多家企业进行培训和辅导。在走访的企业中,有一些企业远处看来是现代化的工厂,但是走进车间内部一看,仍然停留在手工作坊的管理水平,粗放式管理,没有区域划分,物品摆放凌乱、随意,空间拥挤、脏污不堪,跑、冒、滴、漏随处可见,物品找寻困难,员工士气低落、工作效率低下,浪费现象随处可见,现场管理水平与企业形象差别巨大。具体来说,常常会有如下情况:

　　(1)找件东西,翻遍抽屉;

　　(2)桌面零乱,工作不便;

　　(3)货物堆积,心情压抑;

　　(4)穿着不整,难登大雅;

　　(5)环境脏乱,情绪不佳;

　　(6)忙无头绪,延误事务;

　　(7)仓库混乱,账物不符;

　　(8)东西杂乱,占用空间;

　　(9)设备积尘,备件满地;

　　(10)道路堵塞,无法通过。

　　其实,"人造环境、环境育人",一个井然有序的生产车间和工作现场有利于企业吸引人才、创建企业文化、降低损耗和提高工作效率,同时可以大幅度提高全体人员的素质和培养敬业爱岗精神。

　　任何一家企业,都需要有一个安全、高效、优质、人际和谐、情绪高昂的工作现场。

一流的现场,是企业的"金名片"

　　所以说:一流的现场,是企业的"金名片"。

1.3　有效推行现场 6S 管理能给企业带来什么好处

　　我们有句话:"现场就是市场",通过推行 6S 管理,现场美观、畅通,让人心情舒畅。当客户来参观、考察的时候,就发现我们现场做得很好,既然现场做得这么好,那做出来的产品自己也放心。那么具体来说,推行 6S 管理给企业带来什么好处呢?

1. 有效推行现场 6S 管理能树立良好的企业形象

生产现场的管理水平如何,通常是客户在下订单之前需要加以考察的内容。"外行看热闹,内行看门道",一位观察力敏锐的考察人员,可以在几分钟之内通过对生产现场的考察判定出一家企业的综合管理水平。有效推行现场 6S,能树立企业的良好形象。

干净有序的工作场所

2. 有效推行现场 6S 管理能提高生产效率

好的工作气氛,才能塑造更优秀的团队士气;物品摆放有序,减少搬运,不用花大量的时间去找寻工具和物料等工作,从而节约大量时间,提高生产效率。

3. 有效推行现场 6S 管理能提高库存周转率

没有实施 6S 管理的工厂,很容易发生产品库存过剩,造成资金积压,场地浪费等问题。因此,通过有效实施 6S 管理,对原材料、零部件、成品进行有序管控,削减不必要的库存,防止库存过剩现象发生。

有序的生产车间

4. 有效推行现场 6S 管理能提高产品质量

混乱、脏污的工作场所生产不出优质的产品。因为工作场所的垃圾、灰尘会对产品质量产生不良影响,导致设备故障增加。有效推行 6S 管理,确保现场干净整洁,产品的品质才能得到有效保障。

5. 有效推行现场 6S 管理能保障安全生产

干净的场所,井然有序的物品摆放,通道畅通,才能很好地避免意外事故的发生。6S 管理的目的还在于对员工的培养,建立员工自律的心态,养成认真对待工作的态度,这些必能极大地减少因马虎而引起的安全事故。具体来说,做好 6S 管理工作可以在安全管理方面取得以下效果:

(1)减少安全事故;

(2)杜绝火灾等重大事故;

(3)提升员工安全意识;

(4)提升灾害和事故应急能力等。

6. 有效推行现场 6S 管理,能降低成本

推行 6S 管理在节约生产成本方面的作用,主要体现在以下几个方面:

(1)避免场地浪费,提高利用率;

(2)减少物品的库存量;

(3)减少不良品的产生;

(4)减少动作浪费,提高作业效率;

(5)减少故障发生,提高设备运行效率等。

所有这些都能够降低企业成本,改善企业经营效益。

7. 有效推行现场 6S 管理,能提高员工的工作积极性

干净整洁、温馨舒适的工作环境能给员工以信心,使员工工作起来更加心情舒畅,更有成就感和满足感,这也有利于吸引和留住优秀人才,避免人才流失。

在日常实践中,面对一个现场脏、乱、差的企业,员工往往会抱怨自己的工作场所不被重视;而一个干净整洁、管理有序的企业,其员工才能够体会到归属感和自豪感。

8. 有效推行现场 6S 管理,能缩短交货期

做得不好的企业往往会出现不能及时交货的情况,比如,由于整理、整顿做得不好,找原料、容器及半成品可能要花费很长时间,交货迟延就是自然的事了。又比如,6S 管理做得不好,设备和周围环境脏污,机器容易发生故障,造成延长生产周期的情况。因此,有效推行 6S 管理,就会有效控制影响生产周期的因素,从而缩短生产周期,能有效解决拖延交货的问题。

9. 有效推行现场 6S 管理,能减少浪费

工厂常见的浪费现象很多,如搬运的浪费、制造过多的浪费、库存的浪费、不合格品的浪费等。推行 6S 管理,通过整理、整顿、清扫、清洁,可大大减少浪费。

做好 6S 让企业浪费无处可藏

10. 有效推行现场 6S 管理，能全面提高员工的素质

6S 管理最终目的是提高员工的素质，实施的要诀之一是要全员参与，只有现代化的员工，才能造就现代化的企业。

6S 管理，能全面提高员工的素质

1.4 企业推行 6S 管理存在的误区

随着我国企业管理现代化程度和科学化水平的不断提升，6S 管理作为企业管理的一个重要组成部分和有效管理工具被广泛推广应用，它对促进企业员工整体素质的提高，推动生产现场管理标准化，提升企业产品质量和工作、服务质量，发挥了积极作用。

6S 管理，是一种实用性极强的现场管理模式，将 6S 理念渗入员工工作的每一个环节，才能够明显提高企业的整体形象和员工的整体工作效率，推进企业进入一个良性循环，为企业创造更大利润，为员工提供整洁、舒适的工作环境。

任何企业都想创造文明有序的工作环境，实现安全生产，提高劳动效率，减少浪费。但是，目前有很多企业在运营过程中，由于种种原因，想推行好 6S 管理没有那么容易，存在很多方面的误区。这些误区主要体现在以下几个方面。

1. 误区一:6S 管理等于大扫除

我在走访企业中发现,有些企业的管理者认为,6S 管理就是打扫卫生,清洁周围环境。殊不知,6S 管理是一个持续改进的活动,只有起点,没有终点,是要在持续改善的过程中,养成习惯,提升团队的综合素养,而不只是临时性和应付式的大扫除活动。

2. 误区二:6S 管理等于企业形象工程

我曾率领团队在某地一个工业园区为企业做现场辅导,由于整个园区的企业都是招商引资进去的,所以很多企业很在乎所谓的"形象工程",在推进 6S 管理的过程中,企业为了迎合"上级检查",花里胡哨地做了大批量的看板,可从专业的角度看来,除了张贴 6S 宣传画、标语口号外,整个企业没有得到内在的提升。

后来,我站在专业的角度,从工艺流程分析,到产品工艺路线调查,再到流畅化建立对他们进行了培训,经过一年时间的打造,最终企业得到很大改善,产品的品质、交期等方面都得到很大的提升。由此看出,推行 6S 管理不仅仅是为了"形象工程"那么简单,达到降低成本、提升效率才是关键。

3. 误区三:6S 管理检查等于检查评比

有的企业误认为推进 6S 管理就是定期对各部门现场进行检查评比,而没有其他有效的活动,光靠检查评比是很难持续提升 6S 管理水平的。

6S 管理活动循序渐进地推进,必须在活动过程中注入具体的内容,而评比检查只是活动内容的一部分;6S 管理检查评比充其量只能帮助企业维持一定的清洁水平。期待通过检查评比来提升 6S 管理活动水平是不够的,也不能照搬照抄人家的检查工具。这就好比我们看到的电视节目,它和现实生活是会有差别的,节目可能会有剧本,但是在现实生活中完全没有彩排,每一天都是现场直播。检查评比,要结合企业自身情况,量身定制,才能起到良好的效果。

4. 误区四:6S 管理考核等于罚款

有的企业在 6S 管理考核中,对检查不合格的项目动不动就予以罚款,这种粗暴的管理方式会引起员工的不满。我认为,企业在推进 6S 管理中,应多采用正向激励法,鼓励员工不断提出合理化建议,并且企业采纳与否都给予反馈,对好的建议者和好的执行者给予适当奖励。因为,企业管理的核心是人,管理的根本目标是为了人、依靠人、发展人,管理的过程就是要激励和满足员工健康向上的积极追求,开发人的潜能,形成比、赶、超的良好氛围,才能让员工自觉自愿地接受改善。

5. 误区五:6S 管理等于划线

有一次,我接到一位管理者打来的电话,在电话那端他客气地说:"李老师呀,你发的朋友圈我每天都在关注,今天我想跟您请教一下 6S 划线的知识,您方不方便把划线知识的资料发给我学习学习?"我把资料发给他后,他就生搬硬套地让员工按照划线资料去干。但是划线也需要一定的技巧,不同的场地,不同的标准,有不同的要求。后来由于他缺乏系统的人机工程测量做铺垫,导致划下来的线不是很适用。

6S 管理不仅仅是做几个看板,划几条线那么简单。有的企业在推行 6S 管理中违反了客观规律,仅凭自己的主观意愿去办事情,尽管用心是好的,但结果必然碰壁。有的企业,在没有对员工做任何教育的前提下,就胡乱地在地面上划线、定位。有的员工却不知其所以然,只是被动地接受,往往效果不甚理想,其 6S 管理也成了"空中楼阁"。

6. 误区六:6S 管理活动等于员工活动

我曾经辅导过一家产值近亿元的工厂,在项目启动的时候,老板有事未能参与项目启动大会,在项目月总结和周总结的时候,也因各种"忙"缺席项目会议。本着为管理咨询岗位负责的态度,我敲响了老板的办公室大门,跟老板做交流,在交谈中我得知他的真实想法:6S 管理活动就是员工的活动,企业把咨询老师请过来,把员工搞定,让大家推行就行了。

这种认识混淆了全员参与和自发行动的含义。6S 管理是全员参与的活动,需要大家携手配合,管理者不可以放任不管,更不能不闻不问。

企业领导如果决定在企业内推进 6S 管理活动,就要做好长期推进、坚持不懈的思想准备。要有效推进这项活动,从公司高层自上而下地持续保持强大推动力,这也是 6S 管理成功的关键。

1.5 现场 6S 管理布局三原则

一套结构不好的房子,实用性必定大打折扣,即使采用了出色的装修设计来弥补,也很难达到满意的使用效果。企业现场就是我们的"家",布局不合理的现场会降低面积使用率,降低工作效率,造成诸多浪费。对 6S 管理而言,好的现场布局,6S 管理效果会立竿见影,事半功倍;布局不好的现场,虽然费心费力,却事倍功半,怎么做也不好。

6S 管理布局规划设计的目标是效率优化,即空间利用最优化、物流效率最大化。具体来说,布局设计要遵循以下三个原则。

1. 时间、距离最短原则

这是布局设计最重要的原则。把物料、半成品搬来搬去或是上一次洗手间爬一层楼,丢垃圾走五分钟的现象,只会让员工在无效的活动中消耗时间。时间久了,员工自然就会减少丢垃圾的次数,垃圾就会逐渐堆积在现场。

时间、距离最短原则体现在:

(1)搬运次数最少;

(2)步行距离最短;

(3)中间没有停滞等待;

(4)立体空间充分利用,不浪费。

如单元生产式流水线就是充分体现时间最少、距离最短原则的生产方式。

2. 物流畅通原则

这里的物流指人员,物料(原材料、半成品、成品、辅料等),机器及工具在工场内的流动路线,物流的畅通与否直接反映了工场的布局设计及现场管理水平。物流畅通原则体现在:

(1)物流流向是直线形或圆形,无逆向和来回穿插流动;

(2)人员、机器、材料、作业方法、环境五个要素处在有效控制之中,作业方便顺畅;

(3)通道及作业现场无障碍物；

(4)尽量减少工序中间库存点；

(5)各工序生产平稳均衡，无过量堆积。

3. 适变性原则

适变性原则包括的内容主要有以下几个方面：

(1)预留足够的空间应对未来至少一至三年的发展；

(2)货架、棚、工作台等留有改造的余地，以适应不同的生产方式；

(3)专用的、特殊的机械设备尽量通用化、统一化；

(4)设备应小型化、模块化、通用化；

(5)机器设备故障时，有足够的备品保证维修；

(6)门、通道的设计应考虑新设备的搬运，并有摆放的场所；

(7)有足够的灾害防护设施；

(8)有通畅的逃生路线。

某企业优化布局后的生产车间现场

1.6 企业什么时候推行 6S 管理最合适

推行 6S 管理,不是企业有钱就可以推行! 而是要在合适的时间推动,这样才能取得最佳的效果。

企业推行 6S 管理的时机是 6S 管理活动能否顺利推行的重要影响因素之一,如果在不恰当的时机导入 6S 管理机制,例如生产旺季、人员流动率高、士气低迷等时导入,则会事倍功半。

究竟什么时候推行 6S 管理最合适呢? 我认为,较为理想的时机如下:

(1)新厂成立时。

(2)新生产线导入时。

(3)新产品或新技术引进时。在一个墨守成规的环境里,忽然要改变一些习惯,必然会引起"守成"员工的对抗,如果不及时导入 6S 管理的观念和行动,则达不到引进的目的,所以必须及时导入。

(4)新的管理革新时。

(5)工厂搬迁时。

(6)员工较稳定,干部有提升管理能力意愿时。

(7)企业有改善的动机时。

(8)公司业务扩充时。

组织业务扩充、搬迁新厂房或调整工作场所时,要事先规划、教育训练,硬件部分在设计时就应考虑环境的容易维护和区域规划;当人员进入时即能遵守新环境的规则。

(9)企业需要突破瓶颈时。

除此之外,每年除旧布新、大扫除的时候,全面开展 6S 管理活动,宣布新年度的 6S 管理运动计划,能够使大部分的员工所接受。

几年前,我在福建一家工厂辅导时,老板在年初动员大会上呼吁全体员工:公司要做全面 6S 管理提升,有不服从的,可以选择离开,公司趁年初提前招新人。老板宣布结束,并没有人提出离职,相反大家的 6S 管理意愿更加高涨了。短短一个季度时间,整个生产现场整齐有序,为企业的发展奠定了良好的基础。

1.7　推行 6S 没有必要玩玄虚的数字游戏

2021 年,我走访一家浙江民营企业。企业的副总跟我交流的时候,在自己的老板面前炫耀自己的公司已经开展到"12S"管理。

听后我沉默了良久,问了几个 6S 管理的问题,他却支支吾吾半天回答不上来,说自己的 12S 管理就是每个星期检查卫生而已……

随着人们对 5S 管理的了解和接受,一个新的问题随之出现。那就是国内企业对基础的 5S 概念作了延展。目前很多企业都在做 5S、6S 或者 7S 管理,都是上级领导看同行做了,回公司就要求下属跟着做。下属只能服从,但具体怎么做,却没有方法、没有思路。最后往往搞成大扫除、检查卫生,导致大家认为 6S 管理就是大扫除。

有很多企业 5S 管理做得不好,不去思考和创造做好 5S 管理的条件,却怪 5S 管理的范围太小,而不断加入更多新的"S",变成 6S、7S……甚至 10S,即在"5S"之上增加所谓的速度、坚持、习惯等概念。

事实上,对于一个正常人而言,如果一次告诉他 3 件事情,他可以清晰地记住并正确复述。如果一次告诉他 5 件事情,他可能需要用心想一些方法才能够理解和记忆。如果一次性告诉他 7 件以上的事情,他只能记住其中的 3～4 件。如果再要求其转化为行动,效果更差。因此,如何让员工一下子记住并理解要做什么是关键。作为企业的管理者,不要期待自己的员工都是聪明绝顶的高智商,而要着眼于让最普通的员工易于掌握,将事情简化,促进其理解和行动。

心急吃不了热豆腐,饭要一口一口地吃,事情要一件一件有序地做。推行 6S 管理也是如此,可以从整理、整顿、清扫、清洁、素养(习惯)、安全,一个一个地循序渐进,有序地开展。

我请教过很多专家,他们认为:5S 管理作为普遍的提法,没有任何问题或错误。他们认为:清扫是毫无疑问的、理所当然的,不用特别提出来。整理、整顿是关键,这两个"S"做好了就没有问题。进一步说,如果没有保持(清洁)和形成习惯(素养),说明整理、整顿的"2S"是有问题的,就需要追究其本质原因并进行改善。所以,丰田公司只提整理、整顿的"2S"。

或许丰田的理解和做法对于一般没有做过 5S 活动的企业而言稍显极端,但是应从其中理解两点:整理、整顿活动是 5S 核心、基本的活动,应将活动的要点尽可能减少,聚焦于更少的要点,并做到更好。

制造企业,来不得半点虚假,更多的要做实,要实实在在把前面的"S"做好,做成习惯,最后素养才会形成。

1.8 通过全员参与迈向自主化管理

企业的所有生产活动都在车间进行,可以说,车间管理工作的好坏直接关系着企业经营的成败。推行 6S 精益管理,需要全员参与,才能更好地迈向自主化管理。只有通过精益管理让车间充满了勃勃生机,企业才能有持续稳定的发展,才能在激烈的市场竞争中长久立于不败之地。

我曾听丰田模式研究专家蒋维豪老师分享过一个经典的案例。

1963 年,丰田生产方式的创始人大野先生发现他的很多工程师都是一些光说不练的家伙,老是到现场要求员工遵守标准,但是自己上了工作岗位一试,几乎都没有能力按照自己制定的标准做出产品来,这坚定了大野先生的"工作是谁做的就应该由谁来改善"的信念。全员参与改善活动的决心因而确立。

到了 1976 年,大野先生认为通过全员参与改善活动,很多现场的作业标准都已经是由执行者自己改善出来的,实现了所谓的全员自主化管理,所以已经不需要"由专家制定现场的作业标准,然后去走执行通道贯穿的过程"这个被动式的管理环节,因此大野先生决定取消第五个 S,也就是说丰田公司从 1976 年开始,就只是在做四个"S"。

这是一个非常经典的"通过创造条件(实现 PDCA 从分工到合并)来取消一些

（因为因果断裂而产生的）不必要的或者是无价值作业环节"的改善案例。

5S 只是在重复不断的大扫除吗？重复不断的定期检查、评比吗？当然不是，这个只是 5S 推进初期在做的事情。

事实上，导入 5S 的初期如何判定要与不要？如何把"不要的"清扫掉？如何针对"要的"进行整顿？都是靠"常识"就能够做到的。通常，经过半年到一年的时间，企业开始尝试面对整理、清扫、整顿等困难部位的时候，就开始依赖许多如作业标准化、流水化等的精益知识来创造条件，只有这样才能够进一步做好整理清扫和整顿。同时，五个 S 的定义也会随着整个进程的发展逐渐产生一些变化，比如说，本来整

有自主化管理痕迹的生产车间

理是识别要与不要的，等到标准逐渐确立后，就会转成该与不该的，到了精益知识不断导入之后，又会转换成有价值的还是没有价值的。其他四个 S 也一样，它的定义不是一成不变的。

经过一轮精益知识的导入与改善，现场人员的改善能力、问题分析解决能力就能够得到一定的程度的提高，就可以开始把 5S 的对象，从物品的 5S 逐步转向动作、等待、搬运、无价值作业环节等新的对象上来。也就是说，随着整个活动的进展，5S 的对象与范围会从环境的大扫除，逐步转向动作、等待、搬运等无价值作业环节的"大扫除"。

第 2 章　6S 精益管理的内容

每个组织并不缺乏好的战略,而真正缺乏的是把战略落实到位的执行力。缺乏执行的战略是无效的战略。战略目标构想得再伟大,也要有人将它实践出来。企业要站在员工的角度尊重员工、理解员工、关爱员工,员工才能更加发自内心的"以厂为家"。想要有效推行 6S 精益管理,必须要从根源上了解 6S 推行的意义,推行的步骤,推行使用的方法等。

2.1　6S 精益管理之一:整理

2.1.1　整理的意义

整理不仅仅指我们平常所说的把东西整理好,而更多的意思是指将不要的东西处理掉。

通过"整理"对物品进行区分和归类,无用的东西就会一目了然,我们就能在此基础上将多余的物品从作业现场清除出去。

怎样才能对现场的物品进行区分呢? 每个企业的实际生产情况不同,区分和整理的方法也不同。我们可以将物品大致分为经常使用的和偶然使用的两种情况。所谓经常使用的就是使用频率比较高的物品;而一个月才使用一次的物品则是偶然使用的物品。当然,这不是绝对的,这个标尺是根据每个企业的实际情况而定的。

在具体的实施中,可以根据现场是否需要、重要程度、是否经常使用、价值如何以及物品使用部门来区分,还要分出常用的物品和非常用的物品等。

某企业员工正在紧张忙碌整理中

2.1.2　整理的步骤

整理就是要与不要,一留一弃。整理的步骤包括以下内容:

(1)全面检查自己的工作场所(范围),包括看得到和看不到的;

(2)制定要和不要的判别基准;

(3)将不要的物品清除出工作场所;

(4)对需要的物品调查其使用频度,决定日常用量及放置位置;

(5)制订废弃物处理方法;

(6)每日自我检查。

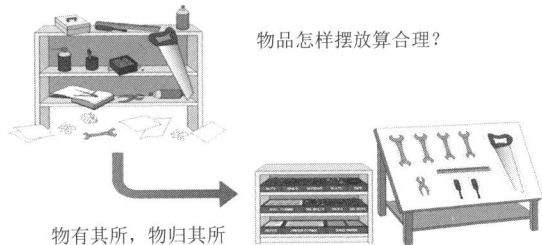

物品怎样摆放算合理?

物有其所,物归其所

整理后的物品有"家"可归

2.1.3　整理的方法

了解了整理的步骤后,具体的整理方法包括如下内容:

1. 拍照记录整理前后并进行对比

整理的第一步是要了解现状,最好的方法是拍照片。将未经整理的现场照片和经过整理活动后的现场照片进行对比,实施整理的效果就会一目了然。然后再对这些变化进行分析,区分出经常使用的和不使用的物品,这样就会形成一个理想的作业现场。

拍摄时,要注意选择适当的位置和拍摄角度,对作业现场完整地进行记录,经过整理后,在同样的位置按同样的角度再拍摄一遍,将两次拍的照片放在一起进行对比,经常使用和不经常使用的物品作了哪些调整,然后再对使用频率高的物品进行认真研究,确定其放置的位置。过一段时间再拍摄一次,反复进行比较,以达到最佳的整理效果。

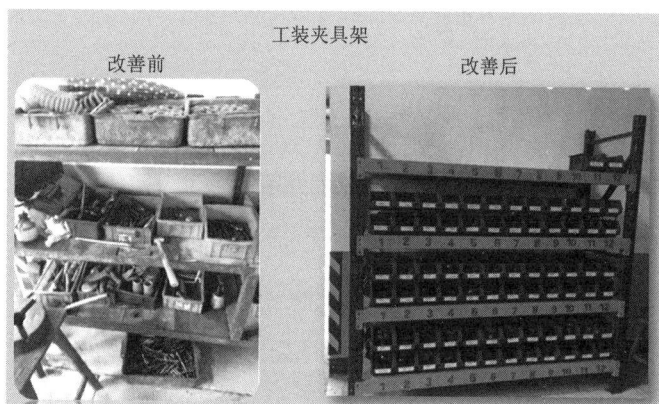

整理前后对比图

2. 清除不需要的东西

(1)要与不要的判定。

要与不要的判定标准可以从时间、类别和使用频率上来确定,见下表。

要与不要物品的判定标准

物品数量	使用时间	使用频率	类别	处理方法
少量	月、年	偶尔	机器、夹具	远离生产或办公区域
普通	星期、几日	几次	机器、夹具	生产或办公场隔离放置
大量	时时、天天	时时	物料、夹具、设备	生产区域或办公现场

（2）一般来说，工厂中要与不要的物品主要包括以下内容，详细见下表。

要与不要物品单

要	不要
①生产用的设备、机器、夹具、电气设备等	（1）生产车间：
②使用中的工作台、凳子、货架等	①灰尘、废品、杂物、油污
③使用中的手工具、治具、工业附料	②不使用的夹具、模具、设备
④生产中的原料、在制品、制成品等	③报废的机器和设备
⑤生产过程中使用的胶盆、吸塑盘等	④不使用的办公用品和设备
⑥使用中的垃圾桶、扫把、拖把等	⑤报废的物料、在制品和制成品
⑦使用中的样品、图纸、说明书	（2）货架上：
⑧办公文具、设备	①不要的物料和其他物品
⑨使用中的宣传海报、黑板	②报废的物品
⑩办公室的书籍、资料、报表	（3）墙壁上：
⑪其他的私人用品，如茶杯、茶叶、咖啡、饮料等	①灰尘
	②过期的宣传品
	③过期、不使用的标语
	（4）文件和作业指引：
	①过期的文件和作业指引
	②不适用的文件和作业指引
	③错误的文件和作业指引
	④报废的文件和作业指引

整理清爽后的流畅化生产现场，让人心情愉悦

2.2 6S 精益管理之二：整顿

2.2.1 整顿的意义

整顿就是对现场所需用的物品有条理地定位、定量放置,这些物品要始终处于任何人随时都能方便取放的位置。

整顿的意义就是把留下来的有用物品加以定置、定位,按照使用频率和可视化准则,合理布置、摆放,做到规范化、色彩标记化和定置化,便于快速找到和取用物品。

2.2.2 整顿的步骤

整顿包括以下几步:

(1)进行整顿工作所需资源的准备。经过现场整顿后的生产车间要规范、有序。

规范、有序的生产车间

(2)需要的物品要明确放置场所。整理过程中,要考虑物品放置的场所。

明确放置场所

（3）摆放整齐、有条不紊。整理过程中，要考虑所有物品要有条理，易取、易用、易归位、易管理。

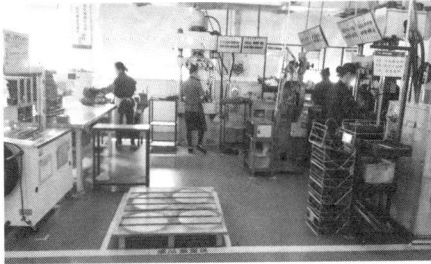

物品摆放整齐、有条不紊

（4）地板划线定位。实施定位时，要结合人机工程布局来实施 6S 管理"三定"。

布局"三定"

(5)场所、物品标识。场所物品标识清楚,让现场一目了然。

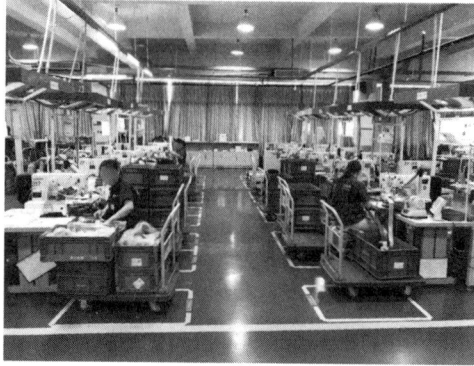

场所、物品标识

2.2.3 整顿的方法

(1)IE 法。根据人机工程原理,将使用频率高的资源进行有效管理。充分利用 IE 法结合人机工程原理,使整顿效果更明显。

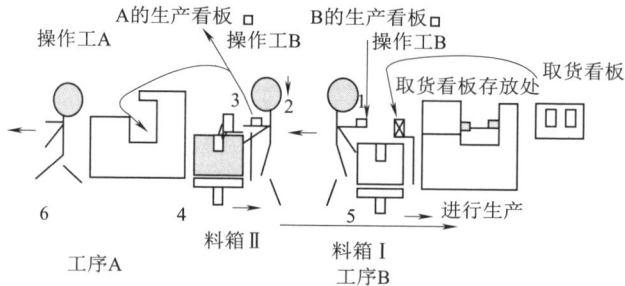

IE 结合法

(2)装修法。通过系统规划将有效的资源用到最有价值的地方。

(3)三易原则。易取、易放、易管理。

(4)三定原则。定点、定容、定量。通过定点、定量、定容,达成易取、易放、易管理的效果。

(5)流程法。对于布局,按一个流程的思想进行系统规范,使之有序化。充分利用 IE 法结合人机工程布局,让整理、整顿更加简单。

干净有序的生产场所

　　(6)标签法。对所有资源进行标签化管理,建立有效的资源信息。下图即是通过标签法对现场物品进行有效标识的例子。

物品的有效标识

2.3　6S 精益管理之三:清扫

2.3.1　清扫的意义

　　清扫是清除不需要的物品,消除工作现场各处的脏污,使设备运行良好,保持工作现场整洁。

不管是家庭、工厂，还是个人，不管从事什么工作，清扫都是必要的。换句话说，不管开展什么工作，都会产生垃圾和废物，而清扫这些垃圾、废物以及灰尘都是必然要开展的工作。可以这么说，清扫本身就是日常工作的一部分，而且是所有工作岗位都会存在的工作内容。

我们还可以把清扫的对象扩大一些，将现场存在的影响员工工作情绪和工作效率的东西都当作清扫的对象，进而美化工作环境、活跃工作气氛、缓和人际关系等。有一些企业的生产车间里，工人会自发地利用假期，在车间的角落里修建小公园，在工作现场就可以看见小桥流水；或对休息室进行改造，使其变得富有家庭气氛，从而能让大伙儿得到更好的休息。

某企业生产车间员工休息区

2.3.2 清扫的步骤

清扫要分七个步骤来实施。

1. 第一步：准备工作

（1）基本的安全教育。为了确保清扫工作有序进行，在清扫前应该对员工做好清扫的安全教育，对可能发生的事故，如触电、刮伤、碰伤、洗涤剂腐蚀、尘埃入眼、坠落砸伤、灼伤等不安全因素进行警示和预防。

（2）机器设备基本性能教育。通过学习设备的基本构造，了解其工作原理，绘制设备简图及对出现尘垢、漏油、漏气、震动、异音等状况的原因进行解析，使员工对设备有一定的了解，明确清扫工具、清扫位置、加油润滑等基本的要求，螺栓紧固方法及具体顺序步骤等。

（3）清洁用具准备。结合清扫场地的实际情况，准备清洁工具：如拖把、扫把、抹布、清洗液、除油剂、防锈剂等。

2. 第二步：从工作岗位中扫除垃圾、灰尘

第二步的具体做法有：

（1）作业人员动手清扫而非清洁工代替；

（2）清除长年堆积的灰尘、污垢，不留死角；

（3）将地板、墙壁、天花板甚至灯罩里边等都打扫干净。

3. 第三步：清扫、点检机器设备

第三步的具体做法有：

（1）设备本来是一尘不染、干干净净的，所以我们每天都要恢复设备原来的状态，这一工作是从清扫开始的；

（2）不仅设备本身，连带其附属、辅助设备也要清扫，如分析仪、气管、水槽等；

（3）容易发生跑、冒、滴、漏的部位要重点检查确认；

（4）油管、气管、空气、压缩机等不易发现、看不到内部结构的地方要特别留心；

某企业员工正在清扫生产车间现场

（5）一边清扫，一边改善设备状况，把设备的清扫与点检、保养、润滑结合起来。

常言道："清扫就是点检。"通过清扫把灰尘、油渍、原材料加工剩余物清除掉，就会自然而然地把磨耗、瑕疵、漏油、松动、裂纹、变形等设备缺陷暴露出来，就可以采取相应的措施加以补救。

4. 第四步：整修在清扫中发现有问题的地方

第四步具体做法：

（1）地板凹凸不平，会导致搬运车辆中的产品摇晃碰撞，使其品质发生问题，所以要及时整修；

（2）对松动的螺栓要立即加以紧固，地上不见螺丝、螺母等适配件；

（3）对需要防锈或需要润滑的部分，要按照规定及时加油保养；

（4）更换老化或破损的水管、气管、油管等；

（5）清理堵塞管道；

（6）调查跑、冒、滴、漏的原因，并及时处理；

（7）更换或维修难以读数的仪表装置；

（8）添置必要的安全防护装置，如防压鞋、绝缘手套等；

（9）及时更换绝缘层老化或被老鼠咬坏的导线。

5. 第五步：查明污染的发生源，如跑、冒、滴、漏现象，从根本上解决问题

生产车间即使每天进行清扫，油渍、灰尘和碎屑还是遍布四周，要想彻底解决问题，还须查明污染的发生源，从根本上解决问题。

要制定污染发生源的明细清单，按计划逐步改善，确定治理难度和解决方式。

（1）污染后果处理——改善。这种方式是在现有的基础上设法减少污染后果，投资小，技术程度低，人人都可以参与。

（2）减低污染程度——改造。即对设备进行一些小的改进，使污染的状况有所好转。改造设备需要较高的专业技术，所以要有工程技术人员的参与。

（3）彻底根除污染——投资、革新。通过技术的突破或投入资金等方法改变现状，这虽然是消除污染最根本的方法，却受很多条件约束。

6. 第六步：实施区域责任制

对于清扫，应该进行区域划分，实行区域责任制，责任到人，不可存在没人管理的死角。同时要设计清扫责任区域图，充分发挥团队的合作精神，进行有序轮值。

7. 第七步：制定相关清扫基准

制定相关的清扫基准，明确清扫对象、方法、重点、程度、周期、使用工具、责任者等项目，保证清扫质量，推进清扫工作的标准化。

2.3.3　清扫的方法

推行 6S 管理过程中,除了用红牌作战、定点摄影等常见的方法以外,更重要的是区域责任制,明确主体责任。

区域责任制的具体操作方法:将清扫的场所划分成若干区域,安排专门的人员对各区域进行清扫,责任到人。利用"清扫区域责任表""6S 活动清扫检查评分细则表"等对区域划分、清扫内容、清扫标准和责任人等信息进行详细规划。以下提供相关表格的样例,以供参考。

清扫区域责任统计表(样表)

部门:					
区域	清扫内容	清扫时间	清扫标准	责任人	备注

6S 活动清扫检查评分细则表——作业区(样表)

部门:　　　　检查者:　　　　检查日期:　　　　得分总计:

项目	检查内容	检查对象	检查基准	得分
清扫	1. 有无划分责任区及责任人			
	2. 通道地面是否平整;有无纸屑、水渍等			
	3. 作业场所地面有无垃圾、水渍等			
	4. 作业台上是否杂乱,有灰尘			
	5. 墙壁、天花板有无蜘蛛网			
	6. 排风扇、吊扇、窗户有无进行定期清扫			
	7. 下班前是否对灯具进行清扫,是否有灰尘			
	8. 产品、设备有无脏污、灰尘			
	9. 是否乱挂物品			

评分标准:各项满分为 4 分;

　　　　4 分表示工作表现优秀,清扫彻底;

　　　　3 分表示工作优良,基本符合清扫要求;

　　　　2 分表示工作一般,有缺失但是不严重;

　　　　1 分表示工作表现较差,虽开展清扫活动,但没有效果;

　　　　0 分表示没有开展清扫活动。

6S 活动清扫检查评分细则表——办公区（样表）

部门：　　　　检查者：　　　　检查日期：　　　　得分总计：

项目	检查内容	检查对象	检查基准	得分
清扫	1.文件控制规定是否切实被执行			
	2.有无建立完善的文件夹并标识清楚			
	3.是否对各类文档分类进行管理			
	4.需要的文件,能否马上取到			
	5.书柜、文件柜有无管理责任者			
	6.购置的办公用品有无按规定放置处			

评分标准:各项满分为 4 分;

　　　　4 分表示工作表现优秀,清扫彻底;

　　　　3 分表示工作优良,基本符合清扫要求;

　　　　2 分表示工作一般,有缺失但是不严重;

　　　　1 分表示工作表现较差,虽开展清扫活动,但没有效果;

　　　　0 分表示没有开展清扫活动。

6S 活动清扫检查评分细则表——仓库（样表）

部门：　　　　检查者：　　　　检查日期：　　　　得分总计：

项目	检查内容	检查对象	检查基准	得分
清扫	1.作业场所是否杂乱			
	2.作业台上是否杂乱			
	3.产品、设备、备件有无脏污、灰尘			
	4.作业段落在下班前有无清扫			

评分标准:各项满分为 4 分;

　　　　4 分表示工作表现优秀,清扫彻底;

　　　　3 分表示工作优良,基本符合清扫要求;

　　　　2 分表示工作一般,有缺失但是不严重;

　　　　1 分表示工作表现较差,虽开展清扫活动,但没有效果;

　　　　0 分表示没有开展清扫活动。

2.4　6S 精益管理之四：清洁

2.4.1　清洁的意义

6S 管理中的前三个"S"中，整理是识别要与不要的问题，清扫是把不要的从现场撤走，整顿是把要留下来的做好"三定"。大多数企业管理者对这三个 S 的认知都差不多，但对于后面的清洁和安全不同的企业有不同的解读。

清洁到底是什么？有人说是维持，也有人说是标准化，这些说法好像都对，但是事实上都没有说在关键点上。用一些专家的理论来说，清扫是在拖地板，清洁是在关水龙头，也就是说，所有不应该出现的东西，都存在一些重复出现的原因，假如不把这个乱源找出来并且给出解决对策，那么大扫除的动作将永远没完没了，以持续不断的检查来保证前三个"S"的效果也会变得重复，而且没有价值。所以，对第四个"S"最正确的理解，首先就是要关闭乱源。

其次，前面三个"S"，在实际的操作上都存在着很多的困难点，所以清洁的第二个意义，就是针对整理、清扫、整顿的困难点，给予对策，这样 6S 管理才能越做越彻底，维持才能变得越来越简单，现场的管理就能够越管越轻松。

6S 管理中的清洁不单是我们所说的干净、清洁的意思，还指维持和巩固整理、整顿、清扫所获得的结果，任何时候都保持生产现场整洁、干净。这会使人产生愉快的心情，有利于提高工作效率。

清洁干净过后的生产车间通道一尘不染

2.4.2　清洁的步骤

一般来说，清洁工作包括以下几项。

1. 确定清洁责任区域名单

清洁第一步要确定责任区域的名单,下表为某公司责任区域名单表,供参考。

责任区域名单表(样表)

序号	车间/班组	责任人	完成情况
1	装配车间	李平	已完成
2	加工车间	赵章	已完成
3	冷镦车间	李圣海	已完成
4	实验中心	龙科学	已完成
5	检测车间	梁德	已完成
6	包装车间	龙桥	未完成
7	模具车间	梁月	未完成
8	原材料仓库	阳林	未完成
9	冲压车间	欧阳可贵	未完成
10	电泳车间	杨锦华	未完成
11	辅料车间	梁明月	未完成
12	后道车间	龙涵	未完成

2. 编制 6S 标准化手册目录

清洁的第二步是要根据自身实际情况编制"6S 标准化手册目录"。下表是某公司的"6S 标准化手册目录"样表,以供参考。

6S 标准化手册目录表

序号	楼层	分类	区域	工位/编号	担当者	点检人	说明
1			班前、班中、班后	班前、班中、日清管理标准			
2			6S 现场平面布局	6S 现场平面布局管理标准			
3			6S 现场主通道	6S 现场主通道管理标准			
4	2F	日常公共管理区	看板	看板管理标准			
5			办公区	办公区管理标准			
6			清洁用具	清洁用具管理标准			
7			叉车	叉车放置区管理标准			
8			工具车	工具车管理标准			

序号	楼层	分类	区域	工位/编号	担当者	点检人	说明
9	2F	作业工位区	热处理上、下料作业区	热处理上料区管理标准			
10				热处理下料区管理标准			
11		在制及物料周转区	待热处理品放置区	待热处理品放置区管理标准			
12			外厂待加工品放置区	外厂待加工品放置区管理标准			
13			热处理完工品放置区	热处理完工品放置区管理标准			
14			外厂完工品放置区	外厂完工品放置区管理标准			
15			空框放置区	空框放置区管理标准			
16			待处理品放置区	待处理品放置区管理标准			

3. 制定现场问题点改善对策

在编制完相应的"6S 标准化管理手册"之后,第三步,需要对现场存在的问题制定改善的对策。以下是某企业"现场问题点改善对策表",以供参考。

现场问题点改善对策表

序号	车间	问题点记录	图示	对策	责任人
1	包材仓库	灭火器没做点检	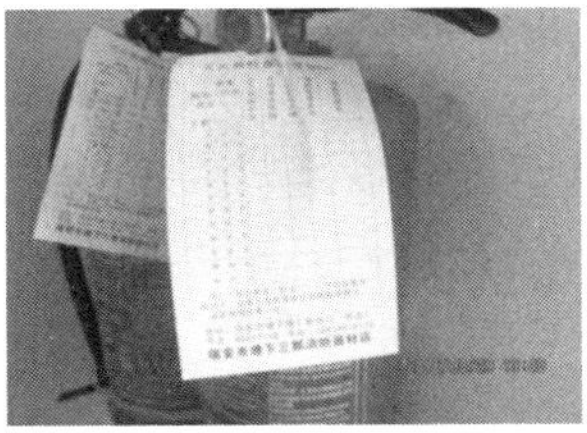	消防器材定时做好保养	程旭阳
2	机加工车间	物品随意放置		做好三定,物品按照指定区域有序放置	李百度

4. 列持续改善清单

清洁的第四步是要列出持续改善清单,下表给出了某企业的"持续改善清单"以供参考。

某企业 5 月 10 日现场 6S 检查持续改善问题汇总表

序号	点检日期	部门	问题点	图例	责任部门/车间	责任人	处置			对策	完成日期		效果
							警告整改	绩效扣分	金额处罚		计划	实际	
1	5月10日	一车间	地面油污未及时处理			张三	√	−1		每日安排人员清理打扫,保持车间地面干净	5月13日		
2	5月10日	一车间	流程卡 280 只,外协回厂后变为 298 只,未填写任何原因,车间、品质部、仓库全部照收没反馈			李四		−1		不管是外协还是自制,工序之间流转必须保证账卡物数据一致	5月13日		
3	5月10日	一车间	线内容器放置混乱			王二		−1		物料放置应摆放整齐	5月13日		
4	5月10日	二车间	阀套产品无标识卡			赵飞		−1		所有物料,不管状态是何种,必须要有相对应的标识卡	5月13日		
5	5月10日	二车间	产品出库数为313,到车间工序流转时只有300,另外13只没有备注,且后序工序也跟着填写,并未纠正			张明		−1		产品在工序之间流转时,必须保证账卡物数据一致	5月13日		

续上表

| 序号 | 点检日期 | 部门 | 问题点 | 图例 | 责任部门/车间 | 责任人 | 处置 | | | 对策 | 完成日期 | | 效果 |
							警告整改	绩效扣分	金额处罚		计划	实际	
6	5月10日	二车间	质量日统计只做到5日			李四	√			每日9时前应将前一工作日的质量状态进行登记	5月13日		
7	5月10日	三车间	流程卡无批次号，且仓库盖章、车间也在流转			张三		-1		物料流转时，必须要有批次号	5月13日		
8	5月10日	三车间	日常质量统计只做到5日			刘二	√			每日9时前应将前一工作日的质量状态进行登记	5月13日		
9	5月10日	三车间	当日设备开启未做设备点检			张武		-1		每日上班设备开启时，应对设备运行状态进行确认	5月13日		
10	5月10日	四车间	9日的生产达成未统计			礼泉			10元	每天9时前应将前一工作日的生产数据进行更新	5月13日		

2.4.3　清洁的实施方法

在实施的过程中,要不断对不足之处进行纠正,并且再次强调 3S(整理、整顿、清扫)的意义,使员工对其认知程度呈螺旋状上升。所以,为了真正地维持 3S(整理、整顿、清扫),就要在整个企业全面进行宣传和教育,用巡回检查、6S 报道、宣传画、标语、举行参观交流会等形式来加强员工的意识,使 6S 活动不断具有新鲜感。具体操作方法如下:

1. 制定专门的手册

整理、整顿、清扫的最终结果是形成"清洁"的作业环境。要做到这一点,动员全体员工参加整理、整顿是非常重要的,所有的人都要清楚应该干些什么。管理者要在此基础上将员工都认可的各项应做工作和应保持的状态汇集成文,形成专门的手册,从而达到确认的目的。

清洁手册要明确以下内容:

(1)作业场所地面的清洁程序、清洁方法和清扫后的状态;

(2)确立区域和界线,规定完成后的状态;

(3)设备的清扫、检查的进程和完成后的状态;

(4)设备的动力部分、传动部分、润滑油、油压、气压等部位的清扫、检查进程及完成后的状态;

(5)工厂的清扫计划和责任者,规定清扫实施后及日常的检查方法。

2. 明确清洁的状态

所谓清洁的状态,包含有三个要素:第一是"干净";第二是"高效";第三是"安全"。

这就是缺一不可的"清洁的状态",一尘不染的生产车间现场。

在开始时,要对"清洁度"进行检查,制订明细检查表,以明确"清洁的状态"。具体包括以下内容:

(1)地面的清洁状态描述;

(2)窗户和墙壁的清洁状态描述;

(3)操作台上的清洁状态描述;

（4）工具和工装的清洁状态描述；

（5）设备的清洁状态描述；

（6）货架和放置物资场所的清洁状态描述。

只有明确了这些清洁的状态之后，才可以进行清洁检查。

3. 定期检查

同清洁状态相适应的、比保持清洁更重要的要素，是保持场地高效率作业。为此，不仅在日常的工作中检查，还要定期进行检查。检查对象虽然和检查表相同，但是不仅仅单指"清洁度"，还要检查"高效的程度"。效率是定期检查的要点，同时也需要制定"习惯化训练教育督促检查表"。下表为样表，以供参考。

习惯化训练教育督促检查表

类别	序　号			
	1	2	3	4
图片				
场所	冷镦车间	冷镦车间	冷镦车间	冷镦车间
问题点	人员离职后没有及时更新责任卡上的内容	茶水杯放置区没有落实	消防器材没有月点检，没有建立点检机制	工具随意放置，没有定位
以上问题要求于 9 月 7 日前完成改进工作				
标准要求	人员有调整及时要更新	明确责任人，按照标准执行	落实月点检工作	实施"三定"，明确区域
岗位责任者	杨国飞	苏健康	池彬彬	池彬彬
受教育者签名：				
落实日期：				

检查要求现场的图表和指示牌设置位置合适;提示的内容合适;安置的位置和方法有利于现场高效率运作;现场的物品数量合适,不存在不需要的物品。

4. 环境色彩化

色彩化是指厂房、车间、设备、工作服都采用明亮的色彩,这样一旦产生污渍,就很显眼,容易被发现。同时,色彩化能使职工工作的环境变得生动活泼,工作的情绪也会由此受到良好的影响。

明朗的现场令人心旷神怡

另外,还要求个人着装朴实洁净,保持个人卫生,对作业现场区域、设备的安置场所、部件和过道等地要制定相关的清洁标准;要形成"将用过的物品放回原处"的好习惯。

2.5 6S 精益管理之五:素养

2.5.1 素养的意义

6S 精益管理中的第五个"S"素养跟清洁一样,也是被误解比较深的一个因素,它从日文直接翻译过来为素养。

要理解素养的真正含义必须回归前几个 S,清洁是发生源对策,整理、整顿、清扫是困难部位的对策。而对策出来以后就是出现一个新的规定、新的要求,或是新的方法;而一个新的方法要落地执行到得到想要的结果,必须从不知道到知道,从知道到做到,再从做到到习惯做好,这是一个执行力贯穿的过程,这个过程就

班组早会贯彻 6S 知识,促进员工素养不断提升

是第五个 S 实现的过程。从执行力建设并得到结果,再持续不断地维持这个好的结果,表现出来的行为叫作遵章守纪,这种由心而发的遵章守纪的行为叫素养,所以第五个“S”我更喜欢把它理解为纪律。

只有按照这种逻辑把清洁和素养做好,整理、整顿、清扫的成果才能够真正被维持且不断地提升进化,6S 才能够越做越简单,越做越清爽,员工越做越有素养。

2.5.2　素养的具体推行步骤

素养是 6S 管理的核心,是 6S 管理的最终目标,也是企业管理者期待的结果。如果每一位员工都具有较高的素养,养成良好的工作习惯,遵守企业的规章制度,经营者或管理者一定会觉得做任何事情都是容易的,工作命令会被很好地贯彻落实,并能取得显著的成绩。

1. 素养推行步骤

(1)建立共同遵守的规章制度

在制定规章制度时,要通过调查问卷充分考虑员工的需求,秉着对公司有益、赏罚分明的原则建立大家共同遵守的规章制度,如:厂规厂纪、现场作业准则、安全卫生守则等。由于篇幅有限,在此不一一赘述。

(2)将各种规章制度目视化

规章制度制定出来后,要将各种制度悬挂在墙上,并装裱起来,以显示其重要性;同时,公司还应将规章制度制成管理手册或制成图表、看板、卡片等,分发给员工,让员工随时查阅。目视化的目的是让这些制度一目了然,使员工养成良好的工作习惯。

(3)实施各种教育培训

在 6S 管理中,让员工形成习惯,靠的就是培训教育。培训教育最好的教材就是根据企业实际标准来进行教育。

公司在对新进人员入职培训时,要详细讲解各种规章制度以及注意事项,如公司章程、安全制度等。让新进员工对 6S 管理有清晰的认识与理解。

老员工要带动新员工,讲解新制订规章的形成背景与原因;各部门要定期召开会议,进行 6S 管理总结教育。

企业举办的 6S 专题培训

以上各种教育培训、思想动员,都是为了建立对 6S 管理内容共同的认识,减少隔阂与摩擦。

(4)对于违反规章制度的行为,要及时纠正

作为 6S 管理项目主管或负责人,看到员工违反规章事项时,要及时予以指正,否则员工可能会把错误当作"可以做"而一直错下去。为此,公司可以制定相关制度和举报制度,防止负责人员徇私舞弊。

(5)受批评者立即改正

责令被纠正者立即改正或限时改正;坚决杜绝任何借口,如"现在正在作业中,所以无法做到"等;在被纠正者改正之后,主管或负责人必须继续检查,直到其完全改正为止。

（6）开展各种积极的活动

各班组要在班前会、班后会中强调 6S 管理的重要性，并不定期抽查员工执行状况；开展文明礼仪教育活动；举办适合本公司员工的自主改善活动等。

2. 行为准则

企业要全面推行 6S 管理，以提高员工素质，制定统一的行为准则和行动准则。其内容如下：

（1）行为准则

维护员工关系的基本价值观，包括：职业承诺、尊重他人、廉洁、诚实和团结等。

（2）行动准则

要遵守法律与规则，执行国家现行法律和法规等。

2.5.3　提升素养常用的工具与方法

1. 常态点检法

此方法包括落实点检工序名称、工位数统计、明确工位责任人、工位资料数点检记录、制品质量控制状态点检、工位物品"三定"点检、工位物料"三定"点检、当天扣分等内容，见下表。

车间 6S 标准点检及考核标准　　　颁布日期：　2021/8/20　　版本：A

项数	序号	对象	数量	点检标准及要点	组长日点检						经理周点检	公司6S小组点检月点检	扣分标准
					周一	周二	周三	周四	周五	周六			
1	1	班中纪律	某8人（员工54名组长1名）	上岗穿好厂服，保持仪容整洁									违反次、项/扣2分
2				无闲谈、打瞌睡、玩手机、戴耳机等现象									
3				离岗有书面请假条									
4				能按规作业，对违反 6S 管理基准者能及时纠正教育									

续上表

项数	序号	对象	数量	点检标准及要点	组长日点检						经理	公司6S小组点检	扣分标准
					周一	周二	周三	周四	周五	周六	周点检	月点检	
5	2	早会日清	看板1栏	有"每日早会需纠正、改进事项记录"									违反次、项/扣2分
6				有"每日清点检记录"									
7				及时更新6S管理看板内容									
9	3	现场主通道	3条	物品齐线摆放整齐、地面清洁									违反次、项/扣2分
10				通道通畅,无占道作业或放置物品									
11	4	无尘通道	1条	人员遵循进入通道规则,进入换鞋									违反次、项/扣2分
12				保持鞋套器内随时有鞋套,以供更换									
13	5	员工物品柜	1个	鞋子及时、整齐放入柜内									违反次、项/扣1分
14				柜内鞋子及其他物品整齐									
15				及时更新离职或新到岗员工标识									
16	6	茶杯架	1只	保持杯子对位放置整齐									违反次、项/扣1分
17				每周按轮值清洗,用手擦拭无尘									
18	7	清洁用具	(1套)拖把2把、扫把2把、拖桶1只、雨具架1个	区域定位,标识清晰,摆放规范、整齐									违反次、项/扣1分
19				工件种类、数量可视化清晰,点检便利									
20				工件用完能及时归位,无丢失									
21	8	空周转盒区	1个区	周转盒叠放平整、区域清洁									违反次、项/扣1分
22				按限高线标识齐高放平									

续上表

项数	序号	对象	数量	点检标准及要点	组长日点检						经理	公司 6S 小组点检	扣分标准
					周一	周二	周三	周四	周五	周六	周点检	月点检	
23	9	工具车	（3台）叉车1台、手推车2台	工具车按定位＋标识标准放置									违反次、项/扣1分
24				用完能及时归位，无乱停放									
25				区域清洁、摆放整齐									
26	10	电源开关	5个电箱	电源控制机械、区域对应标识清晰									违反次、项/扣1分
27				电源箱无尘污									
28	11	消防设施	2个灭火器	每月能按时点检，及时申报维修									违反次、项/扣1分
29				保持标识清晰，灭火器清洁									
30	12	冲字、烫字模具	1个架	模具能按定位定置用完及时归位									违反次、项/扣3分
31				台账、导视清晰，标识完整									
32				区域清洁、模具摆放整齐划一									
33	13	物料架	1个架	物料能按定位定置用完及时归位									违反次、项/扣3分
34				台账、导视清晰，标识完整									
35				物料分类清楚，无混放，良次区分明确									
36	14	看板	3个栏目	每频次要求及时更新信息资料									违反次、项/扣1分
37				看板整洁									
38	15	办公桌	1张	办公桌面按标准定标摆放整齐、清洁									违反次、项/扣1分
39				资料、文件、文具用完及时对标归位									
40				无文件、物品丢失，标识脱落能及时更新									

续上表

项数	序号	对象	数量	点检标准及要点	组长日点检						经理 周点检	公司6S小组点检 月点检	扣分标准
					周一	周二	周三	周四	周五	周六			
41	16	工位管理	23个机台/工位	按"三定"基准定位资料、物品									每工位违反次/扣3分
42				无换型前工件、物料在工位									
43				机械、台面清洁,无杂物									
44				点检表、记录资料填写规范、完整									
45	17	来料检验区	1个区	按来料、已检合格、待处理分区放置									违反次、项/扣5分
46				物料卡上型号、规格、数量等状态标识清楚									
47				物料盒齐线放平,叠放按限高线放置									
48	18	半成品周转区	5个区	周转盒放置齐线平整,高度按限高要求									违反次、项/扣5分
49				物料卡上型号、规格、数量等状态标识清楚									
50				在制半成品控制在限定周转量范围内									
51	19	成品待检区	4个区	周转盒放置齐线平整,高度按限高要求									违反次、项/扣5分
52				物料卡上型号、规格、数量等状态标识清楚									
53				待检品控制在1天用量的范围内(约7 000件)									
54	20	成品区	8个区	周转盒放置齐线平整,高度按限高要求									违反次、项/扣5分
55				物料卡上型号、规格、数量等状态标识清楚									
56				在制成品控制在限定周转量范围内									

续上表

项数	序号	对象	数量	点检标准及要点	组长日点检						经理	公司6S小组点检	扣分标准
					周一	周二	周三	周四	周五	周六	周点检	月点检	
57	21	废品区	1个区	周转盒放置齐线平整,高度按限高要求									违反次、项/扣5分
58				能按要求隔离所有不合格品									
59				及时拆卸、清(处)理废品,不超过20箱									
				合计扣分									
				实际得分									

说明:
①当月总分为 100 分,扣分数依上述各项标准;
②当月考核以部门与公司小组月评为主(占 60%权重),生产部经理周评为辅(占 40%权重);
③被公司月考核小组当月扣分达 15 次、项者,即为当月考核不合格,可一票否决当月 6S 管理考核。

2. 站脚印习惯化训练

习惯化训练是应用刺激重复发生而无任何有意思的结果,致使个体对这种刺激(例如警报、防御、攻击)的自发反应减弱或增强的现象。改变刺激的形式或结果,可能使旧习惯刺激反应后,形成新的工作方式、生活方式,即新的习惯。

某企业的员工在进行习惯化训练

而 6S 脚印习惯化训练是帮助员工改变不良工作、生活方式或规律,树立优良工作方式,建立良好的企业秩序。

3.7 步教导法

7 步教导法主要内容有:

(1)让员工放松;

(2)告诉员工准备做什么,为什么;

(3)示范给员工如何做;

(4)请员工跟着做;

(5)让员工自己做;

(6)员工实际操作;

(7)观察、改善、赞美。

4. 6S 标准考核法

6S 标准考核法包括的内容主要有:

(1)设置 1,2,3 个名次各一名;

(2)优秀奖若干名(分值必须≥90 分);

(3)以精神奖励为主,物质奖励为辅,以培养企业文化为主要导向;

(4)考核坚持公平、公正、公开的"三公"原则,最好要员工投票表决,管理者引导,真正让员工有参考感、公平感;

(5)评定后应公示 2 天,接受员工监督、投诉,若评定没有投诉,即可实施奖惩。

5. 企业文法法

文法法包括的内容:

(1)6S 知识或其他知识竞赛;

(2)寻宝活动—提案改善;

(3)团队流动红旗竞赛;

(4)6S 成果荣誉展;

(5)专业人才专长竞赛;

(6)优秀员工风云榜等。

某企业 6S 流动红旗

2.6　6S 精益管理之六：安全

2.6.1　安全的意义

安全是什么？对于一个人来说，安全意味着健康；对于一家企业来说，安全意味着发展。安全工作做不好，一切工作都将毫无意义。

安全就是没有危险，这是人们长期以来在生产中总结出来的一种传统认识，按照安全工程观点，安全是指在生产过程中免遭不可承受的危险、伤害。

在推行 6S 管理的过程中，将安全作为单独的要求提出来，也是为了强调安全的重要性。

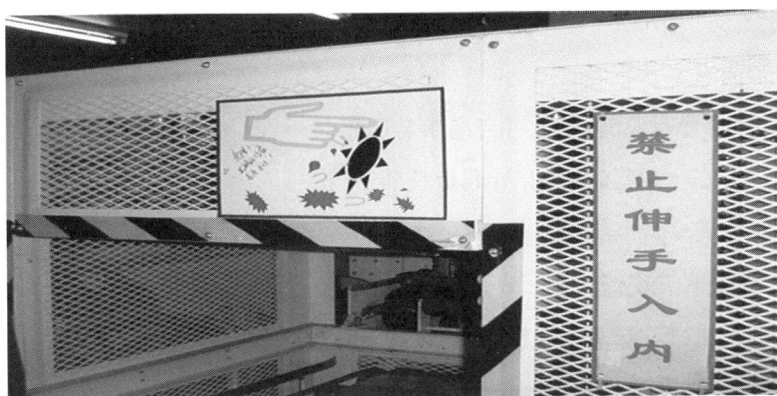

在制造现场，安全提醒标志应醒目

在推行 6S 安全管理的过程中，生产管理者必须以"安全生产、人人有责"的原则，否则在推行 6S 管理的过程中很难将安全做到位。结合安全，在生产工作中实现全员管理，不但有利于提高企业职工的安全素质，而且更有利于进行生产管理和推行 6S。安全生产目标管理的任务是制定目标，明确责任，落实措施，实行严格的考核奖惩，以激励全面、全员、全过程的安全生产管理，主动按照 6S 安全的目标和安全生产责任制的要求，落实安全措施，消除人的不安全行为，物品、设备和场地的不安全状态。

2.6.2　安全的步骤

安全实施的步骤包括以下六项内容。

1. 明确组织任务、准则、计划

完善安全领导小组,建立员工参与行为安全观察及行为安全改进机制。经深入讨论,提出本单位(工厂或车间)概括性可操作的安全行为理念,作为行为安全准则。

2. 建立行为安全观察流程

(1)行为安全观察的内容(清单):

①人与机具安全匹配的行为及需关注的行为;

②人与硬件环境安全匹配的行为及需关注的行为;

③个人防护情况。

(2)行为安全观察者:

包括各级管理人员,员工可自愿参与观察。

(3)行为安全观察时机:有计划地长期进行。

(4)行为安全观察结果:

①与被观察者交流;

②进行信息反馈、数据统计分析等。

3. 设计反馈及参与程序

(1)数据统计:

①每日观察检查表上的每种安全行为百分比;

②每日重大危险检查表上每种安全行为百分比;

③每班次参加行为观察员工的百分比;

④每日参加行为观察经理及主管人员的百分比;

⑤每月完成行为观察计划的百分比。

(2)在相关地点张贴相关的统计图表。

(3)在相关的会议上审核并研究改进方案。

4. 制定表彰及庆功方案

（1）奖励原则：

①对所有人员所有的安全表现均予以奖励；

②对报告需关注的行为及微小事件均予以奖励；

③行为安全观察记录不作为评工资及处罚的依据；

④对不安全又肇发伤害者将予以处罚。

（2）奖励额度：小到不会影响员工报告实情。

现场 6S 流动红旗颁发仪式

（3）奖惩方式：

①会议表彰、通报表彰、奖章等；

②参加委员会、检查、巡视、重要任务、培训；

③物品、食品、参加庆典等；

④代币、债券、旅游、贵重器物等。

5. 筹划培训及启动会

培训主要用于小规模较深入地讲解，启动会用于大范围地普及；对设计部、推进组、核心组以及有关管理人员可开设研讨班。

（1）宣教内容：

①行为观察方法及练习；

②了解和使用"行为观察清单"；

③记录、统计数据、信息反馈、分析讨论；

④如何改进目标；

⑤决策层提供的支持资源的有效使用等。

（2）提供"行为安全观察指南"。

6. 管理评审

（1）管理评审的目的：

①听取并讨论项目推进组的汇报；

②确定改进方案及实施计划；

③确定支持资源。

（2）管理评审的程序：

①会前设计部、推进组向决策层书面汇报；

②决策层主持管理评审会议；

③作出书面结论。

2.6.3 推行 6S 管理中常见的安全标志及应用

1. 安全标志

根据 GB 2894 规定，安全标志可以分为：禁止标志、警告标志、指令标志、提示标志四大类型。

（1）禁止标志用的是带斜杠的红色圆框加所禁止的内容。

禁止吸烟　　　禁止跨越　　　禁止点火　　　禁止载人

(2)警告标志用黄底黑色的正三角形边框加警告标识。

当心坠落　　　当心中毒　　　注意安全　　　当心触电

(3)指令标志是蓝底黑色圆形边框加必须操作的内容。

戴防护眼镜　　戴安全帽　　戴护耳器　　戴防毒面具

(4)提示标志是绿底黑色正方形边框加提示内容。

可避险处　　　紧急出口　　　紧急出口　　　可动火区

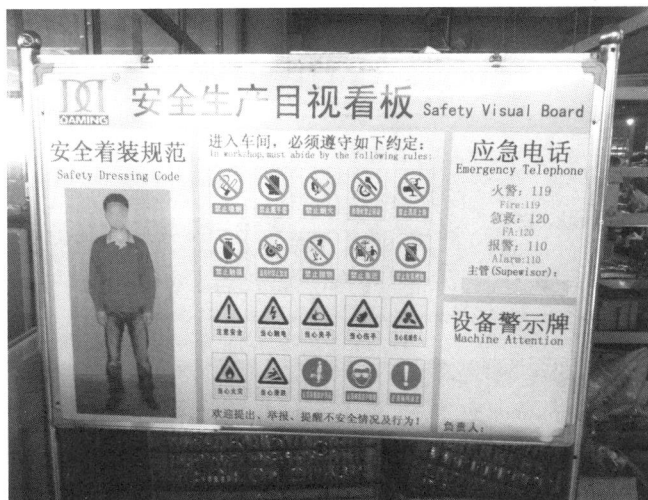

某企业安全生产目视看板

2.厂区相关警示标识

以下是厂区内相关的警示标识整理成表,以供参考。

警示标识整理表 1

地点	内容	备注
车间 仓库等		仓库等
车间 配电箱门		在每个配电箱 配电柜门上粘贴 (大小 15 cm×20 cm)
车间 机械设备		在每台机械设备上粘贴 (大小 15 cm×20 cm)
灭火器		在每处灭火器上方粘贴
消防栓		在每处消防栓门上粘贴

警示标识整理表 2

作业区	注意通风	必须戴护耳器	噪声有害
粘贴位置	仓库、印刷处等	噪声岗位	噪声岗位
作业区	注意高温 High temperature	注意防尘	必须戴防尘口罩 Must wear dustproof mask
粘贴位置	高温区域	粉碎岗位	粉碎岗位
作业区	当心有毒气体	必须戴防毒口罩	
粘贴位置	油墨存放间	油墨存放间	

3. 职业危害告知牌

以下是几种作业环境下的危害告知牌。

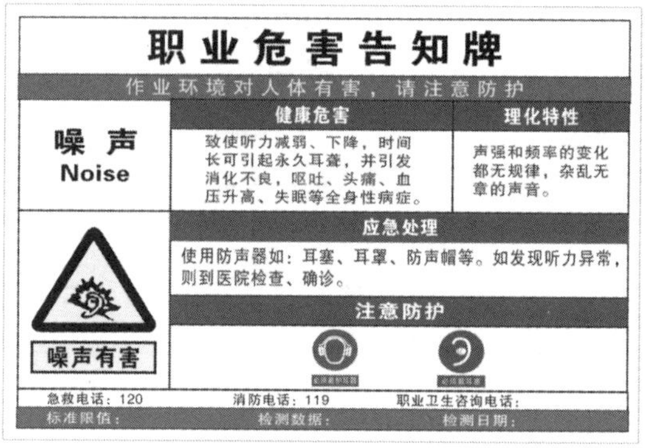

噪声危害告知牌

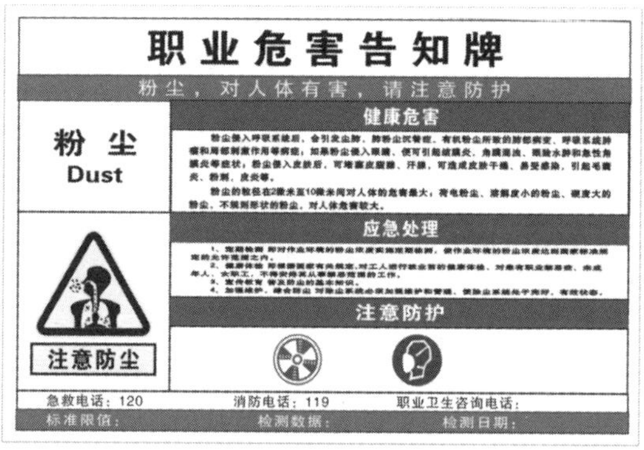

粉尘危害告知牌

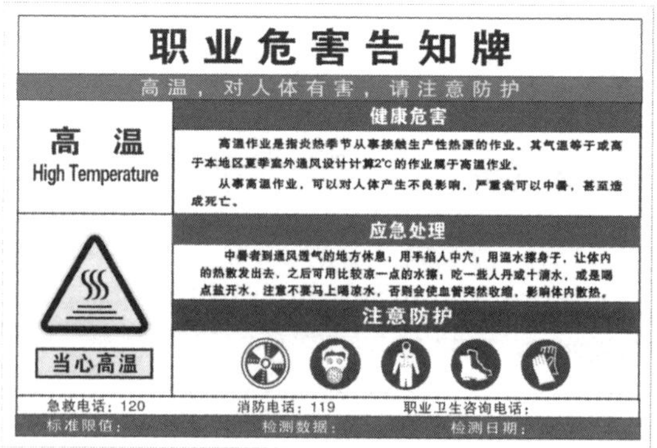

高温危害告知牌

第 3 章　如何有效推行 6S 精益管理

企业有效推行 6S 精益管理，需要组织中的每一个人发挥作用，全员参与，群策群力，才能在一定程度上保障企业战略目标的达成。

3.1　获得公司高层的支持

企业高层领导在企业运作中指挥、领导着企业前进。企业中任何大的变革获得高层认可、支持就是成功的一半，推行 6S 工作亦是如此。

企业高层的支持，对于 6S 活动的开展是非常重要的一件事情，尤其对于生产现场来说，一项新活动开始时，一定会让生产现场有些不适应，领导的支持，会让活动的运行顺利很多。

我曾经辅导过一家 300 多人的汽配企业，咨询顾问小组 3 个月就把原计划 6 个月的项目

某公司董事长亲自为 6S 班组授旗颁奖

工作全部实施完毕，这里少不了企业高管的高度重视与安装预定计划支持，以及投

入的大量的人力、物力。在推行期间,每一次取得了成绩和进展,老板都会大加称赞。每次现场检查出现不合格项,老板都给予点评,还会亲自过问整改进度。项目组在检查的过程中,只要老板有时间,都会参与现场检查。可见,高层的支持对 6S 的推荐工作是多么重要!

企业为了创造 6S 变革气氛,体现出领导对 6S 管理推进工作的支持,建议采取如下行动:

(1)邀请公司核心领导参加 6S 推进项目相关的重要会议;

(2)公司高层在公开场合讨论实施进展情况;

(3)对项目组的成果表示肯定;

(4)要求各部门提供相应的信息支持;

(5)提供保证 6S 管理推进所需的资源,包括硬件投入、人力、物力等。

3.2 有效借助外力

很多不熟悉 6S 管理的人,或没有成功推行 6S 管理工作经验的人可能会问:我们是否需要花钱找咨询公司协助推行呢? 这需要根据具体情况而定。在采取行动前应先思考以下几点问题。

(1)自己公司的 6S 管理团队有无经历体验过 6S 管理文化的熏陶,有无掌握 6S 管理的精髓及方法。

(2)团队中有无专业人员来做工艺布局设计。

(3)公司有没有改善的决心。

1. 为什么要借助外力

我在国内走访诸多企业时发现,一些企业在推行 6S 管理过程中,会发生"一紧、二松、三垮台、四重来"的现象。刚开始企业搞得风风火火,花费大量的人力、物力、财力对生产环境进行整理改进,可是活动一过,场面又复原到了原来的脏乱状态。

究其原因,他们只是为 6S 管理而管理,仅仅停留在活动的表面,没有形成一种习惯和行为,效果自然就大打折扣。

在一些企业,由于是公司内部在推动,即便采用了一定的考核、奖惩制度,在执行时,内部人员可能会从自己的利益出发,而质疑考核的公平性,进而对 6S 推进组织成员进行责难。

但如果整个策划评定由公司外部的人来执行就不会有人质疑公平性,也能以更积极的态度对待 6S 的推进。这就像平时检查工作,内部检查可能"意思一下"就可以,而外部检查就得认真踏实地把工作落实下去。

另外,6S 管理要成功实施必须要公司全员参与,需要全员接受并按要求执行。如果在推进过程中因为组织内部的质疑、抵制而中途夭折,那么大部分员工会认为是管理不力,会降低员工对组织的认同感。以后公司再推行什么政策时,员工就会有消极抵抗的心态。

2. 怎样借助外力

针对以上情况,笔者建议公司请专业的咨询培训机构来对公司员工进行培训指导,从而推动实施 6S 管理。

当然,如果公司内部 6S 小组成员具有一定的实际经验和理论知识,已经达到咨询师的高度,就可以不必外聘咨询师了。

6S 管理专业的咨询培训团队会以现代企业制度化管理为培训基础,通过 6S 管理培训,企业管理人员才能全面提升 6S 管理意识,以全新的角度看待 6S 管理。选择正确的 6S 管理培训是企业需要重视的问题之一。

相反,如果企业没有进行 6S 管理培训,缺乏实际操作和成功推行经验,就会缺少现场管理基石。6S 管理培训是结合实际案例授课的过程,立体化、全方位地探视、剖析成功企业在实施 6S 管理过程中的一些做法。企业选择合适的 6S 管理培训,掌握 6S 管理培训中有效推进的方法和管理技巧,进而改善生产工作环境,提高产品品质,改变员工精神面貌,建立安全工作环境。

3.3　发动公司全员参与

我在服务企业的过程中,看到有的企业在推行 6S 管理的过程中,因为个别人的掉队而导致 6S 管理推行滞后,成为企业发展的绊脚石。

所以,推动 6S 管理项目负责人必须要让公司内部的成员动起来。每个人都积极主动地参与进来。但要想让全员都有动力参与就要让他们明白 6S 管理能给每个人及企业带来怎样的好处。

怎样才能让员工了解 6S 管理的好处,明白 6S 推进是怎样进行组织管理的呢?这就要求公司要通过培训、宣传营造一种 6S 管理的氛围。

具体方法有:①宣传看板;②口号标语;③观看改善视频;④现场观摩优秀企业;⑤公司内部刊物宣传等。让员工明白,6S 管理不是每天十分钟的打扫卫生,不是只增加工作量。要让员工明白,6S 管理可以提升企业运作效率,方便自己的工作。能提升企业管理水平,保持客户满意度,能使企业增加竞争力。

相反,如果企业效率低下,员工纪律散漫,客户持续不满意,那么订单只会越来越少,公司效益一定会持续下降,员工就不会获得升迁的机会,甚至会工作不保。

要让员工明白 6S 管理是大势所趋、势不可挡。这样才能消除员工疑虑,减少抵触和抗拒情绪,让 6S 管理推行更加顺畅、深入。

6S 是优秀企业文化的一部分,可以提升企业竞争能力。

全员参与持续改进活动的形式和方法有很多种,在推行全员参与持续改进的起步阶段,要对变革文化达成共识。在此基础上,通过改变行为来形成习惯,再通过习惯的循环来构建文化。

人员是企业之根本,只有在全员充分参与 6S 精益变革之时,才能使变革的驱动力增强到最大。

3.4 成立 6S 管理推进组织

企业推行 6S 管理不能盲目,不能想到哪里就做到哪里,要有计划,所以建立 6S 管理组织架构是一件至关重要的事情。那么 6S 管理组织架构如何建立呢?一般来说,可以按照以下所述进行组织架构的设立。

3.4.1　组织的职责

6S 管理推行组织主要有七大职责：①设定 6S 管理推进目标和方针；②选定实施区域；③确定实施方案；④制订推行计划；⑤6S 管理培训；⑥制定考核标准；⑦建立检查监督制度。

3.4.2　组织架构职位说明

一般来说，一个 6S 管理组织要有以下几个职位，每个职位担负不同的职责。

1. 主任

一般由公司最高领导负责担任，其主要职责是推动、监督、支持。具体职责是：批准实施 6S 管理活动；监督各部门负责人；为活动推行提供人员和财务等方面的支持；对推行成果评价。主任担负着 6S 管理活动推行成败的最终责任。

2. 顾问

一般由 6S 现场管理顾问或者专家担任，主要工作是指挥和训练、管理成员如何进行 6S 管理推广活动。当 6S 管理理念及方法深入被管理成员后，公司也可以根据情况省去这个职位。因为企业的持续改善需要内部团队每日精进，不能都依赖于顾问。

3. 副主任

一般情况下，推行的效果及责任由副主任负责，也可以轮值进行。

4. 推行办公室主任

这个职务是负责制定和管理整个 6S 管理标准和相关文件，并且需要深入现场，具体推行、协调和口头指导员工的工作。担任这个职位的人，需要有进取和创新精神、人际关系好、协调能力强并具有一定威信。

5. 推行办公室干事

协助并执行办公室主任下达的任务，主要负责现场资料收集、照相、制作宣传看板等事务。该职务人员一定要勤奋、做事情靠谱，具备信息收集、整理等基础工作技能。

6. 委员

一般为部门负责人，是 6S 管理成败的第一负责人。委员是办公室主任下达任务的直接执行者,包括对人力、物力、财力的支持。在 6S 管理推行过程中,首先要做好这部分人的思想工作,不要让他们产生抵触情绪,否则 6S 管理会很难推行。

　　企业可以遵循以上原则,结合企业实际情况,建立一个完善的 6S 管理组织架构体系,如下图。

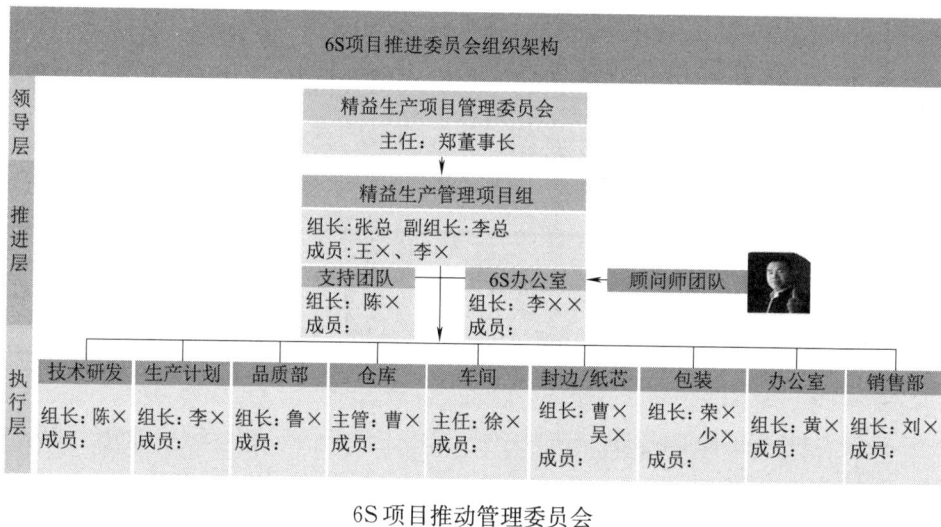

6S 项目推动管理委员会

　　另外,企业在决定推进 6S 管理之前,首先要有组织观念,绝对不能单兵作战,这是一场全员参与的持续战斗,只有这样才能保证推行的胜利。

3.5　制订推行方案及计划

　　行动是企业一切变革的基础。没有行动,说得再漂亮,也是嘴上谈谈而已。当你真正想要做成一件事,脚踏实地地去做,全世界都会为你让路。推行 6S 管理也是如此,想得再好,不如去践行改变。那么,践行改变就必须要有详细可以落地的行动计划。在推行计划中,要明确具体事务要素,推行 6S 的时间节点、负责人等。

　　在行动计划中要明确其行动状态,如:行动按期完成、正在进行中、未按目标日期完成、影响项目的进度等。这些都可以制定 6S 推行计划表。

某集团 6S 推行计划样表

G　绿色:行动按期完成。
Y　黄色:正在进行中。
R　红色:未按目标日期完成,影响项目的进度。
W　白色:无色,未进行。
B　蓝色:待批准更改状态。　　　　　　　　　　　　　　　　　　文件编号:

项目		进度日期											负责人	备注
1. 成立 6S 推行委员会	计划													
	实施													
2. 会议与培训要求	计划													
	实施													
3. 定置、定位摆放设计图	计划													
	实施													
4. 根据定置、定位图摆放	计划													
	实施													
5. 修改完善定置、定位图	计划													
	实施													
6. 6S 所需材料申请与制作	计划													
	实施													
7. 定置、定位划线	计划													
	实施													
8. 检查实施情况	计划													
	实施													
9. 改善活动记录(看板)	计划													
	实施													
10. 总结表彰优秀者,制订下步计划	计划													
	实施													

批准/日期:　　　　　　　　　　　　　　　　　审核/日期:

3.6　成立样板区试点推行

我曾到某集团去辅导其推行精益 6S 管理,集团总部和其他 8 家分公司都要做全面 6S 标准化管理。在项目启动的讨论会中,企业领导们各抒己见,有的说要全面大突击,有的说要停工几天来个全面大清扫,但都不专业。我最后给出建议:先建立样板,再做测量评审,这样历经一个月的时间,样板初有成效,管理团队也树立了信心,之后再全面推广。短短半年时间,整个企业全面推广复制,6S 的落地推行起得良好的效果。

在推行 6S 过程中,选定样板区的目的就是让员工看到 6S 管理确实能让自己工作的场所整洁、有序,能提高工作效率。同时也可让其他部门在推行过程中少走弯路,直接借鉴样板区的经验。

3.6.1 在哪些区域成立样板试点区

首先选择容易接受变革的场所,员工思想上能接受 6S 管理,这样其推进过程就会事半功倍。只有工人的热情被完全调动起来,一些好的想法才会不断涌现,样板区的效果和推行效率才能有保证。我曾在一些企业看到,在推行 6S 时一些员工自发地发明创造方法或工具去配合,在这个过程中他们为自己的成就而感到快乐满足,也看到自己在企业中的价值,看到工作环境因他们而改变。

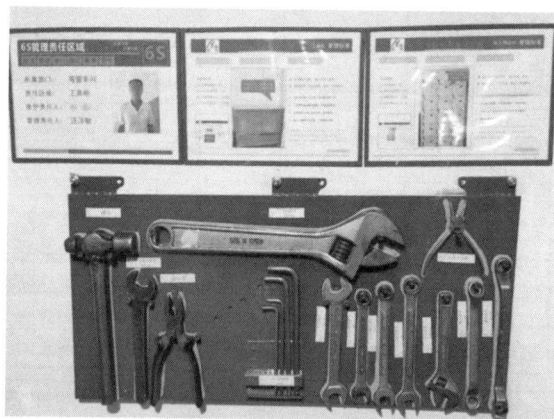

工具放置样板区的建立

其次,如果可能,选择具有代表性的区域作为样板区,这样样板区内的问题在公司内具有普遍性。样板区域改善成功对其他部门或区域更具说服力,让大多数人认可样板区的成果。在具有极大可比性的条件下,别的区域更能看到变革的必要性。

再次,选择能够马上产生直接经济、劳动效率的区域。如现场管理混乱的区域,工人在工作过程中非常不方便:作业区域物品工具摆放不合理,工人工作时存在巨大的动作浪费。对这类场所进行改善的过程即是让工人工作方便的过程,工人便会主动迎接 6S 管理。

清洁用具放置区样板建立

3.6.2　样板区域 6S 实施步骤

在选择好了实施样板区域后,就要按步骤一步步地推进,样板区域的 6S 实施步骤如下:

(1)确定样板区;

(2)制订样板区推行计划;

(3)制作、悬挂 6S 样板区域标牌;

(4)组织车间相关领导对一线员工进行培训;

(5)制定要不要的判定基准和非必需品的处理流程;

(6)指定不要物放置区;

(7)登记处理不要物;

(8)实施区域线、定位线、标识设计;

(9)物品按指定区域放置,改善样板区区域问题;

(10)指定维护计划责任落实到人;

(11)做标准化和总结成果对比报告。

在 6S 样板区的推进活动要快速有效,要在短时间内集中公司力量,让样板区域旧貌换新颜。并且当样板区的推进进入维持改善阶段时,就要准备验收和成果总结报告。总结报告是一个重要的成果展示、吸取教训的过程。建议可以通过报告会的形式向公司其他部门展示取得的成果,同时将在推行中碰到的问题以及解决方式与大家分享,以便后来者少走弯路。同时其他部门也应组织员工到样板区参观学习,持续改进。

3.7 开展广泛教育培训

6S 现场管理模式是经实践证明的一种先进、实用性强的现场管理方法,包括整理、整顿、清扫、清洁、素养、安全六个部分,主要功能是为企业解决用好空间、用足空间、保持环境清洁、形成良好习惯、重视安全等问题,以提高企业效益。成功导入 6S,可以改善和提高企业形象,促进工作效率提高,缩短作业周期,降低生产成本,切实保障安全,对企业来说,是一件可以提高社会效益和经济效益的大好事。

现在国内外的一些知名企业都把 6S 精益管理看作现场管理必须具备的基础管理技术,也形成了常态化、制度化、标准化。

6S 管理可以让员工在工作中无意识地形成一种习惯,使员工和管理者有了基本的管理沟通语言。6S 管理可以提升员工对公司的归属感、自豪感,同时实行 6S 管理也是企业最好的名片。但 6S 管理推进成功与否是人的因素,即员工怎么看待。只有通过教育培训让员工发现它的作用并主动拥抱它,6S 管理的推进才会平稳有序进行。

对员工进行培训,条件允许的公司可以进行全员培训,条件不允许的可先对相关领导培训,然后再由他们进行基层员工的培训。同时也可以组织一些人员参观其他管理先进的企业,当然也可以用一些影像资料代替。其形式因企而异、因人而异,不拘一格。

笔者为企业员工做精益 6S 专题培训

对一些已经推行 6S 管理多年的企业，可以在培训时进一步深入介绍 6S 管理，让其深入每个员工的心灵深处。

当然，企业在 6S 培训结束后，一定要进行相关理论考试。考试不合格者必须进行补考，直至通过。考试表现特别不好者可以记录在案，以便在年终绩效考核中体现出来。

在企业进行 6S 推广、维持过程中，要把 6S 教育培训当成一种常态化的工作，持续推行。总之，要加强培训，让员工对 6S 管理专注、执着。

3.8　积极营造推行 6S 管理的氛围

在企业推行 6S 管理的目的就是让它最终成为一种文化，成为公司的一部分。

任何企业的文化都有广泛性和习惯性。要让 6S 管理成为一种企业文化，让人们习惯地、自觉地去遵守它，首先要让人们接受它。

有的企业在开始实施时需要对员工施加一些压力，但压力作为一种激发方式并不总能很好地发挥效率。只有让 6S 管理变成团队的目标，成为每位员工的目标，它的推行才能迅速有效。这可以通过各种途径进行舆论宣传，让员工在心理上接受 6S 管理的理念，为 6S 管理的推进创造一个有利的氛围。

如何在公司中宣传、造势呢。具体方法有如下几种。

1. 公司内部刊物

公司内刊可以在公司内部发布消息、传递信息，起到内部沟通的作用。可以通过它向员工介绍公司管理上存在的问题、与同行业其他企业的差距、进行 6S 管理能帮助企业解决哪些问题等。可以用具体的数字进行前后对比，比如：实施 6S 管理后，"某材料消耗从上月的 7％ 下降到 5％，直接节约经济成本 1‰"等。在 6S 管理启动之初，每位员工都有个适应的过程，当人人都能清楚地理解或者看到实施 6S 的显著成效时，自然会积极主动起来。

2. 内部动员大会

为了在整个公司内部制造舆论氛围，要向全体员工传递公司对 6S 管理理念的态度。组织 6S 管理动员大会，让员工明白公司对 6S 管理的重视程度，以及持续推进的决心。通过大会让那些观望、迟疑的人员认清方向，在推进过程中做好自己分内的工作。

3. 标语牌

标语牌可以出现在车间、办公区、会议室等场所，它能迅速在公司内部传递 6S 管理推进的目标。员工只要在企业上班，就能看到 6S 管理的相关标语牌，这样频繁重复可以增加员工对变革的适应性并逐渐接受，最后变为认同支持。

4. 宣传栏

宣传栏是公司舆论宣传和时事发布的窗口。它有反映及时、形式多样等优点，在 6S 管理理念的宣传中可以发挥其特点。它可以及时将 6S 管理理念与公司发展的关系、公司怎样推行等及时展现出来，以便营造一个氛

某企业在班组综合看板上
宣传 6S 管理相关知识

围,使整个活动更容易被理解和支持。

在 6S 管理推进过程中,把实施前后的照片贴在公告栏等引人注目的地方,也是对参加改善工作的员工所作贡献的肯定,充分地激发员工的积极性,同时也可以起到鞭策和鼓励后进人员的作用。另外还可以通过评分考核及竞赛的形式增强员工的集体荣誉感,以激励员工更努力工作。

3.9　6S 精益管理推行成功的九大要领

在笔者多年的实践工作中得知,要想成功推行 6S 管理,就要有一个非常系统的方法,只有全体员工掌握了推行要领,才能使 6S 管理彻底地落到实处。这一系统性的方法主要有以下几个方面。

1. 以客户和员工满意为关注焦点

企业发展的最终目的是创造利润,而客户和员工是利润的来源,6S 管理的最终目的是提高企业员工的素养,使客户满意,为企业带来更多的利润。在推行 6S 管理的过程中,要紧紧地围绕这一主题来实施。

2. 全员参与,快乐实施

6S 管理机制的推动要求企业上下一致、全员参与,老板、经理、主管、班组长、一线员工,都要密切地配合。因为推行 6S 管理的是一个车间、一个部门。在包装车间,主管就应该告知员工整理、整顿、清扫的重要性。再进一步地告知公司里的每个人,要养成规范化,怎么进行整理、整顿、清扫。每一个人都做好以后,整体就可以做得更好。6S 管理机制的实施,部门每一个人都要对相应的环节负责任;各个责任要环环相扣,每一个管理者之间要环环相扣。

3. 培养 6S 管理氛围

6S 管理机制推进工作的负责人要充分地利用口号、标语、宣传栏,让每个员工都能明白 6S 管理的推动是公司提升企业形象、提高产品品质、帮助公司节约成本的一项很好的活动,也是企业迈向成功的重要途径。要不间断地、持续地宣传这种观点,在公司上下形成一种氛围。

4. 公司高层领导的支持

公司的最高领导要抱着"我来做"的决心，亲自出马，安排各个部门的经理去大力地推动。在推动的会议上，高层领导要集思广益，让大家积极地提出更好的方法。

5. 要深刻理解 6S 管理的要义

在推进 6S 管理的过程中，要让每个人都深刻理解其要义，让每个员工都毫无疑问地去执行。在推行过程中，让员工参观学习效果显著的 6S 管理示范区，并进行讨论、发表看法和意见，以相互学习、不断改进。

6. 要立竿见影

整理的推进过程可以采取红牌作战的方法，即针对问题点亮红灯、亮红牌，判断基准要明确。整顿可以使用看板管理的方法，把形式和内容展示出来，让大家都能一目了然。照片是一种保持记录的良好方法，也是一种解决问题、说服观众的省力工具。总之，要让实施后取得的成果能够立竿见影地显现出来。

7. 公司上下一心，彻底推进

公司领导要有一种雷厉风行的工作作风，制定明确的方针和目标，确立推进的体制和方式，这样才能上下齐心。可以在全公司展开红牌作战，谁做错了就给予指正，并限期整改。

8. 公司领导不定时巡视现场

领导经常巡视现场是表达对 6S 管理大力支持的方法之一。一般来说，领导在现场巡视的时候，不要受检查表的局限，不要拘泥于形式，要从公司的大局出发，提出 6S 管理实施的意见。

领导的关注是维持 6S 管理不可或缺的条件，企业领导一定要高度认识到自己在 6S 管理水平提升方面的作用，并身体力行实践对 6S 管理的支持。巡视过程中要指出哪里做得好、哪里做得还不够。巡视完毕后，要召开现场会议，指定专人对问题点及时地跟进解决。

9. 以 6S 管理作为改善的平台

在 6S 管理推行过程中，很多企业都发生过"一紧、二松、三垮台、四重来"的现象,所以,必须要坚持推行 6S 管理,使公司管理更流畅,从根本上解决发展中的问题。

企业 6S 管理的推行就像登山一样,走得越远,风景越美;站得越高,看得越远。

3.10　6S 精益管理改善的十大法则

早些年,我曾辅导过一家汽配公司,一进车间,就被他们的布局惊呆了。工厂物流方向严重逆流,工序断流现象也很严重。按照他们的产品类别,应该从压铸、机加工、涂装、装配、打包等工序有序地布局才合理,但是他们把工序间、楼层功能间都颠倒了。后来,我结合产品系列类别以及其工艺路线重新做了布局。

现场管理,千头万绪,基本要素却只有三个:人、物、场所;现场情况千变万化,归结起来只有"两流":物流和信息流。

要想推动现场 6S 管理,必须对物流和信息流作细致的分析和研究,从中发现问题、分析原因、找出解决问题的答案。

简单讲来可以用十个法则概括:工艺流程查一查;平面图上调一调;流水线上算一算;动作要素减一减;搬运时空压一压;人机效率提一提;关键路线缩一缩;现场环境变一变;目视管理看一看;问题根源找一找。

1. 工艺流程查一查

描述一个过程的步骤和传递路线的图示叫流程图。它包括工作流程和工艺流程两大类,但本质是一样的,用它可以将复杂的过程用图示形象地展示。工艺流程或工作流程是一个单位工艺或工作的总路线,它形象地反映了工艺或工作的程序、部门和工序的衔接、判定或检查后的处理程序。到一个企业或者一部门查找问题,应该从流程开始,"顺藤摸瓜"分析现有生产、工作的全过程,发现哪些工艺流程不合理,哪些地方出现了倒流,哪些地方出现了停顿,哪些工艺路线和环节可以取消、合并、简化等。分析判断流程图中每个环节是否处于受控状态;检验能否起到把关作用;各部门横向联系是否到位、通畅;是否需要构建或增加新的通路;由流程图的各个环节及传递路线,分析现有各部门的工作职能是否到位,是否要对现有机构进行调整或重组等。

某企业一个流程的生产现场结合工艺物流路线布局的U型装配线

2. 平面图上调一调

有的企业在建厂初期没有对工地布置和设备布置进行精心设计,或是由于生产的不断发展、设备的不断添置,打乱了原有的布局;或是由于产品结构的变化,造成了厂房或设备布置不合理,致使产品和工件在生产时运输路线过长。这些都是每时每刻制造浪费的隐患,企业必须要下决心改变。

而在工艺流程图上是看不到平面路线的,所以要进一步在平面布置图上去找效益。

通过分析作业方式和设备的配置,按生产流程的流动方向、有无重复路线和倒流情况,找出不合理的部分,合理调整和设计一种新的布局,来缩短工艺路线和操作者的行走距离,减少不必要的资源浪费。有时,一台设备的移动会带来几十米甚至上百米距离的节省,节省出更多的空间。

3. 流水线上算一算

生产线和流水线应该按照一致的节拍进行,生产才能均衡。有的企业生产常常出现"前面干、后面看,前面提前走、后面在加班"的局面。产生的原因一个是移动方式不合理,另一个就是节拍不均衡。

大家都知道木桶原理,决定木桶容量大小的并非最长的那块木板,而是其最短的那块木板。

同样，在流水线上，干得最慢的人是决定流水线最终效率的人。生产线或流水线的平衡效率＝各工序净作业时间的总和÷最长工序的作业时间×人员数。很多生产流水线的平衡率常常不到 50％。如果对时间长的工序通过简化、提速、换人或拆分的方法，对时间短的工序通过裁并、增加等方法来平衡流水线，整个生产线的生产效率就会大大提高，因个别工序缓慢而导致的窝工和堆积现象就会消除。

木桶原理图

4. 动作要素减一减

任何操作都是以人工的动作为基本单元，特别是服装厂这类劳动密集型企业，其组装工序、加工工序等以手工劳动为主体的工序，动作是产生效益的一个非常重要的因素。

进行动作分析，最主要的目的是消除多余动作、无效动作或缓慢动作，如弯腰作业、蹲着作业、作业场所不畅、没有适合的工具、人与物处于寻找状态等，以最省力的方法实现最大的工作效率。

精益产线实施后形成一个流的机加工车间产线

这个研究几乎不花一分钱,就可以大大提高生产效率。

5. 搬运时空压一压

据统计,加工费的 25% 到 40% 是搬运费;一道工序的时间,有 70% 到 80% 是搬运和停顿的时间;而工厂的灾害又有 85% 是在搬运过程中发生的,可见对搬运这道工序进行压缩是非常重要的。改善搬运要对搬运进行优化,从搬运数量、搬运空间、搬运时间上改善。可以遵循以下原则:

(1)要减少搬运的数量和搬运的次数;

(2)在搬运空间上要尽可能缩短搬运距离、减少搬运路线和次数;

(3)在搬运时间上要缩短时间、减少次数;

(4)在搬运方法上要注意管理协调,尽量采用方便的做法,如利用重力在斜坡上滑行或在输送带上搬运。

搬运合理化的原则是要做到被搬运物料几乎无损耗;搬运方法要科学、文明,杜绝野蛮粗暴;搬运环境安全、适当,杜绝冒险;减少暂时放置现象的发生,尽可能做到一次到位;合理规划工厂布局,可以有效缩短搬运距离。在工厂规划已成定局时,通过合理化规划流程,也可以有效缩短搬运距离。

为了减少搬运,物流车上安装了滑动轮

6. 人机效率提一提

人和设备是一对矛盾,处理不好,就会发生人等机器或机器等人的现象。人和设备构成了人机工程关系,在分析时要分析作业者和机器在同一时间内的工作情况,有无窝工、等待、无效时间;通过调整工作顺序改进人机配合,寻求合理的方法,使人的操作和机器的运转协调配合,将等待时间最大限度减少,充分发挥人和机器的效率。就像挤水分一样将互相等待的时间挤出去,这也是向人机联合作业要效益。

7. 关键路线缩一缩

几乎任何一个产品都是由若干零件组成,一件产品的生产通常要分几条线或几个工序生产,而且到后期都要把零件一点一点组装起来。在形成零件、部件过程中,会不可避免地发生各工序工作量大小不一的情况。这就会在后期的生产中产生互相制约,工作量小的工序就会有很多空闲时间,而工作量大的工序又没有一刻休息时间,换句话说就是时差为零,成了生产上的瓶颈。时差为零的工序也叫关键路线,它制约了车间的产能和交货期。所以在找出关键路线后,要从非关键路线上抽调人、财、物,加强关键路线,或采用平行作业、交叉作业等形式,缩短关键路线,不断修改和优化计划,达到缩短日程节省费用的最佳目标。

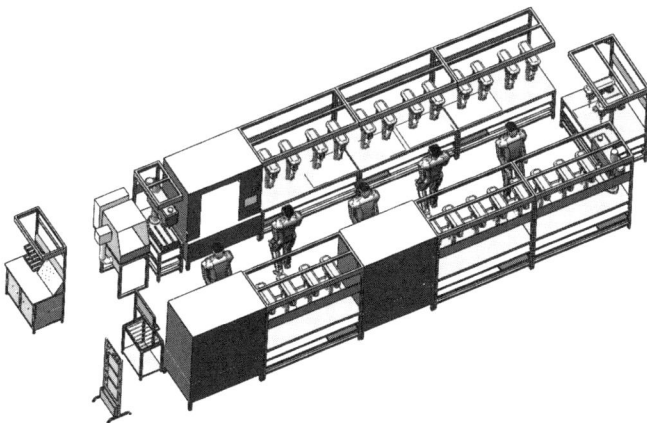

基于关键工艺优化布局的产线

车间生产主管的一项基本功就是不但能根据计划和生产能力推算和找出关键路线,而且能不断压缩关键路线和其他路线,达到时间、费用的综合优化。这里有两种方法:

第一种是时间优化。就是在人力、设备、资金等有保证的条件下,寻求最短的工作周期。它可以争取时间,迅速发挥投资效果。利用时差,从非关键路线上抽调部分人力、物力集中用于关键路线,或分解作业,增加作业之间的平行交叉程度,增加投入的人力和设备,采用新工艺、新技术来缩短关键路线的延续时间。

第二种是时间—费用优化。工程项目的费用支出可以分为直接费用和间接费用两部分。直接费用是指与各项作业直接有关的费用,间接费用是指管理费用等不与各项活动直接有关,但随时间变动而变动的费用;工程周期越短,间接费用越小。时间—费用优化就是寻求直接费用和间接费用之和最低的工程周期。

8. 现场环境变一变

要分析生产、工作环境是否满足生产、工作需要和人的生理需要,分析现场缺少哪些物品和媒介物,针对不同类别场所的问题,分别提出改进建议,开展"整理、整顿、清扫、清洁、素养、安全"六项活动,做到永远保持 A 状态、不断改善 B 状态、随时清除 C 状态,使员工保持旺盛的斗志和良好的技能,所需物品随手可取,不需要之物随时得到清除,现场环境通畅、整洁、美化、安全、文明,使场所和环境在时间和空间上实现整体优化。

9. 目视管理看一看

人类大脑接收视觉方面的信息高达 80%。因此用视觉来沟通和指挥的方法更为直接。利用形象直观、色彩适宜的视觉感知信息来组织现场生产,以图表、图画、照片、文字注解、标志、符号作为目视管理的工具,可以轻而易举地达到解释、认知、警告、判断、行动等功能。所以,目视管理也称为"看得见的管理""可视化管理"。

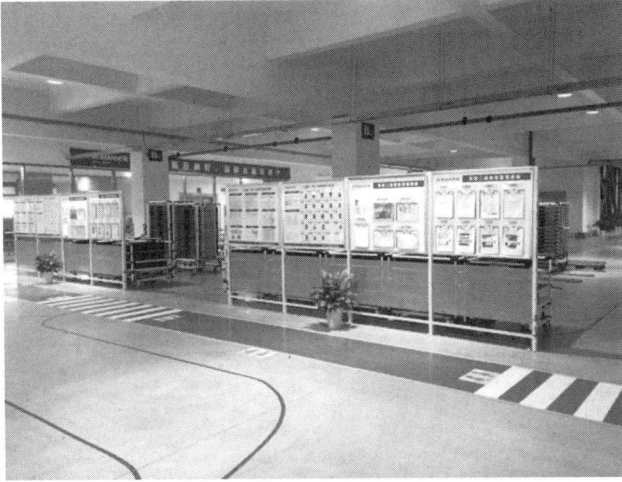

车间有序的目视化看板

10. 问题根源找一找

每日寻找差距,以求第二天干得更好,这是海尔模式独创性中非常重要的一点,不断寻找问题、分析问题,永不休止地对现场进行改进,这是质量改进、8D 工作法、CIP 等活动的共性。正是这一点推动着管理运作过程,使企业处于不断向上的良性循环中。

以上这些现场改善的十大法则,如果企业实实在在利用就会发现,这些利器神力非凡、所向披靡,实施之后工艺路线顺畅了、平面布置合理了,流水线上窝工消失了,节拍更均匀了,工人操作效率更高了、搬运便捷了、生产均衡了、人机结合密切了、管理简单了,一个更快、更好、更短、更顺的精益生产局面已悄然降临。

3.11　现场 6S 管理的五化标准

因为从事咨询行业的关系,笔者去过很多企业,有时候发现一些企业现场考核就是抓卫生、抓物品摆放整齐,做表面文章。

事实上,这样的要求与一流现场管理的要求差距甚远,没有了解现场管理的精髓,再做多长时间的卫生检查都无法成为优秀的现场管理企业。

现场管理的精髓到底是什么？如何才能成为一流的现场管理？为什么说"只抓卫生、摆放整齐"是难以维持甚至是徒劳的？厘清这些问题对现场管理的提升十分重要。

我根据多年的工厂管理及咨询经验，总结出一流现场管理的"五化"标志，即通过"规范化、动态化、活性化、人性化、学习化"逐步实现一流的现场管理。

规范化的生产车间现场

1. 规范化

现场管理必须强调规范化，日常工作必须按照标准、制度去执行，尤其要注重标准的操作细节。目前许多企业已经编制了较多标准、流程。不过如果仔细去分析这些标准、流程，会发现不同的人按照这些标准、流程去做，会得到不同的结果。例如一家企业规定"垃圾桶不能太满，否则扣分"，而这一规定的问题在于"垃圾桶不能太满"没有具体的细节规定。再看看麦当劳的洗手规定：(1)每小时用杀菌洗手液洗手；(2)洗至手腕以上，至少 20 秒。这说明规范化的重点是

一个流的生产线

细节管理。如果不同的人按照同一标准工作却得到不同的结果,那么这样的标准、流程就只是一个摆设了。再好的素养也需要明确的标准、流程去引导把事情做对,否则不同的人就会有不同的理解,事情自然就会做得五花八门、没有规范了。

现场划线、标识就是通过细节管理,明确现场进行工作的对错,产生良好的自我约束条件以便于监督。

2. 动态化

走进管理非常优秀的企业,只要站在生产车间的管理看板前,就能看出近几年本车间负责的 KPI 指标及其他一些指标的变化趋势,从而可以了解相关管理人员的成效。"没有功劳也有苦劳"在这些优秀企业里是没有市场的。看不到你负责的指标变好,只能说明你不是一名优秀的管理人员。

许多优秀企业提出:按计划完成生产是理所当然的,判断你是否优秀的基准是你所负责的 PQCDSM(P 指效率、Q 指质量、C 指成本、D 指交期、S 指安全、M 指士气)指标是否比竞争对手更好。因此明确各级管理人员的 PQCDSM 指标,把某些重要的指标在管理看板揭示出来,并跟踪这些指标的变化趋势,对持续不断地提升管理水平十分重要。

3. 活性化

调查显示,个人积极性是否发挥与其工作成就感有很大的关系,没有成就感就很容易产生职业倦怠。而有决策权不容易产生职业倦怠。

但生产型企业中一线作业人员占大多数,减少他们的职业倦怠对企业做好现场管理十分重要。企业无法提供行政事务上较多决策机会给他们,却可以通过日常活动改善让他们参与小变革上的"决策",总结出改善案例,张贴在其工位上方或附近,以提高其积极性。

此外,公司可以定期召集各部门主要人员、生产骨干观摩、学习各个现场优秀的改善事例。这种方式对激发大家的活力十分有效。让员工的改善成果受到重视,是减少职业倦怠及激发员工活力的重要方式。

4. 人性化

企业需要追求员工的人性化管理。在提升现场管理水平方面应该从下面两个方面体现"以人为本"的人性化管理。

(1)在不增加公司较多投入的情况下,寻找让一线作业人员更加准确、更加快捷、更加轻松完成工作的方式、方法。

记得有一次我在企业培训时看见一名工人站在仪表台前,眼睛盯着面前的几十个仪表。我对管理人员说,这位工人根本就不能看好这些仪表,几十个仪表有数十甚至上百个数,这么多数要工人记住本身就很困难,加上仪表指针并不是经常出现问题,人的惰性也会让员工对"偶发的问题"视而不见。

岗前培训及考试很重要,但并不能让这位员工有效地进行工作,而通过目视管理,把各种仪表的正常范围标为绿色,其他标为黄色或红色,或者将数字仪表的最大、最小值标识出来,可以减少员工需要记忆的内容,让员工能又快又准地判断仪表状态是否正常,减轻记忆压力与工作紧张度。管理者的主要工作不是"监督"而是"管理",应该在不增加较多投入的情况下,不断寻找让一线作业人员更加准确、更加快捷、更加轻松地完成工作的方式、方法。

(2)创造温馨的现场作业环境。

有一次我去一家民营企业讲课,课前观摩该企业现场,在第一个班组休息区,我看到一圈真皮沙发、不锈钢的茶几、金属报架、高档电视柜等物品,墙上大型喷绘板上只留下很小的地方挂班组资料,大部分地方都是固定不变的口号、理念等宣传资料。当我在第二个班组休息区也看到同样的物品、同样的布置时,我觉得已经没有必要再看下去了。

虽然现场布置花费高昂,但千篇一律的东西是不值得多看的,墙上不变的口号基本只是个形式罢了,不能指望员工经常关注。相反一些优秀企业鼓励各班组充分利用本企业废弃的材料、物品,发挥各组成员的想象力自己动手创造温馨的休息、学习场所更值得推崇。

员工自发改善的车间产线

5. 学习化

当今企业的竞争,已不再是产品的竞争,也不只是人才的竞争。成为长久竞争力的是更快的能力。虽然学习力的提升比较困难,但国内一些企业已经先行一步,通过"自我超越、改善心智模式、建立共同愿景、团队学习、系统思考"五项修炼,创建学习形班组的管理提升活动,给企业各级人员带来观念及行为上的巨大变化。

笔者在企业做提升学习辅导

善于学习及总结,无疑是持续改进与提高现场管理水平的原动力。在我辅导的企业中,有些企业通过学习、总结后,归纳出现场管理的"五按、五干、五检"原则,是学习力获得提升的成功案例。

(1)五按。按程序、按线路、按标准、按时间、按操作指令。

(2)五干。干什么、怎么干、什么时间干、按什么线路干、干到什么程度。

(3)五检。由谁来检查、什么时间检查、检查什么项目、检查的标准是什么、检查的结果由谁来落实。

意识决定行为,没有正确的理念就不会有良好的效果。摒弃重点考核卫生状况及摆放整齐与否的现场管理,通过规范化、动态化、活性化、人性化、学习化的实施,了解与掌握现场管理的精髓,朝正确的方向前进,到许多企业认真思考的时候了。

第 4 章　推行 6S 精益管理常用的工具与方法

在推行 6S 管理过程中,掌握常用的管理工具是非常关键的。不会用工具,将会耗费精力,降低工作效率。

一个善于放飞的人,空中有路;一个善于游泳的人,水中有路;一个善于阅读的人,书中有路;一个善于学习并且活学活用管理工具的人,到处有路。走老路,去不了新的地方。在推行 6S 管理过程中,学会使用工具,你的工作将会快捷高效、事半功倍。本章重点讲述推行 6S 精益管理常用的工具与方法,涵盖红牌作战、看板作战、行迹管理、PDCA 循环法、定点摄影、五现管理等,还基于现场的人、机、料、法、环等要素阐述了"6S 点检基准"。

4.1　红牌作战

红牌作战经常应用于 6S 管理的整个实施过程中,对于预先发现和彻底解决工作现场的问题具有十分重要的意义。因此,企业的管理者应该掌握红牌作战的实施方法,在 6S 管理的实施过程中加以灵活运用。

1. 什么是红牌

所谓红牌是用红色的纸做成的 6S 问题揭示牌。其中,红色代表警告、危险、不合格或不良。6S 问题揭示牌记录的内容包括责任部门、对存在问题的描述和相应的对策、要求完成整改的时间、完成的时间以及审核人等。

红牌作战现场案例

在红牌作战的整个过程中,往往由执行办公室来牵头贴红牌,相关部门在要求的时间内进行整改,最后由执行办公室验收合格后再将红牌撤销。每次红牌作战都要详细地记录:第几次红牌作战、在哪个部门发行的红牌等。

2. 红牌作战的目的

在 6S 管理中实施红牌作战,就是不断寻找出所有需要进行改善的事物和过程,并用醒目的红色标牌来标识问题的所在,然后通过不断地增加或减少红牌,从而达到发现问题和解决问题的目的。

因此,红牌作战侧重于寻找工作场所中存在的问题,一旦发现问题,及时用相应的红牌进行醒目的标记,防止由于拖延而导致问题被遗漏,并且要时时提醒和督促现场的工作人员去解决问题,直至摘掉红牌。

3. 红牌作战的实施细则

在红牌作战的过程中,其具体的实施细则如下:

(1)红牌作战由公司指定专门人员,针对现场有问题的对象实施。企业应事先对各位专员进行培训,让其清楚可以及应该张贴的对象。

(2)作战使用定制的红牌、张贴用胶带、笔、发行记录表、垫板等。

(3)公司指定 6~9 名专员,到各区域找问题、贴红牌,每张发行的红牌都要按单位或区域进行记录。

笔者带领管理者做"红牌作战"改善

（4）专员分为2～3组（3人1组）实行"红牌作战"，每组1个组长、2个组员，采用少数服从多数的原则，决定对某情况是否挂红牌。

（5）记录表按部门整理、发放。统计、公布每次红牌发行数量、按期整改结果等，并可考虑在宣传栏公示。

（6）推行专员会按时间检查整改结果。

（7）要求整改时间一般可分为：立刻、3天、1周、2周、1个月、待定等6种。

（8）对于故意损坏、丢失红牌及未及时予以整改者，给予相应处分。

（9）大部分工作未按进度要求实施的区域，不进行红牌作战。

4. 6S红牌作战的实施对象

6S精益管理红牌作战中，实施的对象有以下几种。

（1）任何不满足6S规范要求的。

（2）工作场所中无用品、非必需品。

（3）机、地、台、窗、墙、顶等污渍、灰尘、垃圾等。

（4）工作现场定置管理缺失、管理不善的现象。

(5)整理整顿死角、清扫死角等。

(6)其他需要改善的问题：

①超出期限者(包括过期的标语、通告)；

②物品变质者(含损坏物)；

③物品可疑者(不明之物)；

④物品混杂者(合格品与不合格品、规格或状态混杂)；

⑤不使用的东西(不用又舍不得丢的物品)；

⑥过多的东西(虽要使用但数量过多)。

5. 6S 红牌作战实施的要点

(1)用挑剔的眼光看待。

(2)严格执行。

(3)贴在"有问题"的对象上：设备、推车、踏板、工装或刀具架、桌椅、资料柜、模具或备品架、材料或产品容器、空间等。

(4)请勿对人,只是针对岗位、工序或场所。

(5)如果有犹豫,请贴上红牌。

6. 红牌作战的实施方法

红牌作战策略是贯穿于整个 6S 活动的,在整理、整顿、清扫、安全、清洁、素养这六大步骤中都能够得到很大的应用。所以红牌作战不需紧密结合 6S 的各个要素进行整改。

7. 红牌作战进行顺序

红牌作战需按照一定的顺序进行：

(1)确定对象。一般而言,整理对象是库存、机械设备以及地面空间等。

(2)决定整理基准。决定必要和不必要的基准。比如,地面存放的东西,如果一周以内不用就视为不要。

(3)制定红牌。为了让所有的人一看就明白,准备 A4 大小的红纸,把不要物品的名称、管理负责人写好。

(4)贴上红牌。把红牌贴在不要的物品上面。

(5)设定不要物品的放置场所。贴上红牌的物品,根据需要按照时期撤掉另行放置。

8.红牌作战的注意事项

首先要向全体职工说明,壁挂红牌是为了把工作做得更好,要以正确的态度来对待,不可以置之不理,也不应认为是一种奇耻大辱。

挂红牌是为了使工作做得更好,所以在实施红牌之前,一定要向所有的员工说明红牌作战的意义。

挂红牌时,理由一定要充分,事实一定要确凿,而且要区分严重的程度。

已经是事实,就要实实在在地把问题表现出来。仅仅是需提醒注意的地方,可以挂黄牌。

挂红牌频率不宜太高,一般一个月一次,最多一周一次。

挂红牌不是随时随地,不能像开罚单一样违规就开,而是不得已,一定要改进时,才要挂红牌。但是一般可以马上改进或修改的,就没有必要去挂红牌,而用黄牌就可以了。

4.2　看板作战

1.什么是看板作战

看板作战也是目视管理中的一个项目。看板作战与红牌作战的区别:前者是为了让大家明白必需品的管理方法,以便使用时能马上拿到,寻找的时间为零;后者是为了让大家分清楚哪些是必需品,哪些是非必需品,并对非必需品进行处理。

2.看板作战的作用

(1)传递信息,统一认识。

现场工作人员众多,将信息逐一传递或集中在一起讲解是不现实的。通过看板传递既准确又迅速,还能避免以讹传讹或传达遗漏。

（2）帮助管理，防微杜渐。

每个人都有管理自己的见解和看法，公司可以通过看板来引导大家统一认识，朝共同的目标前进；板上的数据、计划等内容便于管理者进行判定、决定或跟进；便于新人更快地熟悉业务；已经公布的计划书，大家就不会遗忘，进度跟不上时也会形成压力，从而强化管理人员的责任心。

（3）使绩效考核更公正、公开、透明，促进公平竞争。

工作成绩可以通过看板来揭示，差的、一般的、优秀的，一目了然，无形中起到激励先进、促进后进的作用。同时，以业绩为尺度，防止绩效考核中的人为偏差。另外，还可以让员工及时了解公司绩效考核的公正性，积极参与公平竞争。

（4）加深客户印象，提升企业形象。

看板也能让客户迅速全面地了解公司，并给其留下良好的印象，从而对公司更信任。

3. 看板管理的"三定"原则

（1）定位：放置的场所要明确。

（2）定物：种类名称要明确。

（3）定量：数量多少要明确。

看板作战使现场工作的人员，能一眼就知道何处有什么东西、有多少，同时也可以将管理的内容、流程以及订货、交货日程与工作排程，制作成看板，使工作人员易于了解，以进行必要的作业。

井然有序的 6S 管理看板

看板作战就是表示出某工序何时需要何数量的某种物料的卡片。是只对最后一道工序下达生产指令，而不进行将主生产计划按照物料清单分解到各个工序和原材料采购的方法。

在设计看板过程中，一定要考虑取用便捷、取出方便、防尘等。

4.3　形迹管理

1. 什么是形迹管理

形迹管理是 6S 管理活动中的一种管理方法,简言之,是根据零部件、工具、夹具等物品的"形"来管理归位的一种方法。

具体是按其投影之形状绘图或采用嵌入凹模等方法进行定位标识,使其易于取用和归位。如将灭火器、烟灰缸、垃圾箱、茶杯、扫把等物品,在地面上、墙壁上、桌上等地方按其投影之形状绘图,使其使用后易于归位;工具、夹具等可依使用状况,在机器设备旁墙壁上按其投影之形状绘图,使其易于取用和归位。形迹管理的目的是减少寻找时间,加强物品管理,提高工作效率。

2. 形迹管理的作用

(1)减少寻找工具的时间

以往都是将各种工具混放在箱子里或抽屉中,要用的时候,就要翻箱倒柜地找,不但浪费时间,而且使用起来不方便。

(2)易于取拿,易于归位

由于每个物品都有自己固定的形迹图案,且摆放规范、整齐,所以取拿非常容易,且归位方便。

落实责任的工具行迹管理

(3)如果工具丢失,可以马上知道

如果工具使用之后未归位或丢失,那么相应的物品形迹就会显现出来,使人一目了然,减少物品的清点时间,提醒操作者把丢失的工具或物品找回来。

3. 实施形迹管理的方法

方法一:在存放物品的载体上,规划好各物品的放置位置后,使用广告纸或油画布等材料,按物品投影之形状绘图标识,然后将投影形状部分用壁纸刀或其他工具裁切下来,将裁切好的材料粘贴在待存放物品的载体上。

如果视觉和使用效果好,也可以直接在存放物品的载体上标记。在挂板上画上这个工具的形状,工具被取走时能一目了然地显示出来,工具丢失了也能得到及时的补充。

方法二:采用嵌入凹模的方法,使工具、零部件等物品易于取用和归位。如果没有可用的现成凹模,可以自己动手,利用海绵、泡沫或厚质的台垫,刻画出物品形状后,镂空处理即可。

方法三:做成看板展示式或多层推拉式的展示板,所有的工具、零件都有固定的位置和标识,采用形迹管理的方式进行管理,查找起来非常方便。

4. 实施形迹管理的载体和材料

可利用的材料:广告纸、橡胶(或硅胶)台垫、海绵、泡沫等,也可以结合实际情况做镂空,结合不同场所,不同企业类型,因地制宜选用材料。

工装夹具(夹头)形迹改善案例

4.4 PDCA 循环法

企业在进行 6S 管理推进时,最常使用的管理循环法即为 PDCA 法。PDCA 是计划(Plan)、执行(Do)、检查(Check)和行动(Action)的缩写,是一种企业经常用到的管理模式。当 PDCA 四个环节都循环过以后,即称为经过一个管理控制过程,在实施 PDCA 循环时可按下列步骤进行。

PDCA 循环法

1. 计划 P

(1)分析现状,找出问题

先要明确实施该项管理活动是出于怎样的目的,是否一定需要实施,然后分析该管理活动当前处于什么样的状态,尽可能用简单明了的数字来描述。该管理活动在这种状态下存在什么问题,把问题明确提出。在此阶段可以利用图形来进行分析。

(2)确定目标

根据对现状情况的分析,确定实施该项管理活动的目标。当目标很确定时,可以考虑"减半法"或"增半法",即当该管理项目为减少负面作用的事项时,则将降低 50% 为目标;当该项管理项目为正面作用时,则将提高 50% 为目标。

(3)找出主要影响因素

设定推进方法,根据前面的分析工作,利用图形找出主要影响因素。为确保达成设定的目标,必须明确推进管理组织的构成及执行的方法。为了使下属全面参与和理解,要及时找出典型事例来启发参与人员。

(4)制订措施计划

制订措施计划之前要明白以下几个问题:

为什么制定该措施(Why);

达到什么样的目标(What);

在何处执行(Where);

什么时间完成(When);

由谁负责完成(Who);

如何完成(How)。

若该项管理活动需要投资,还必须预算投入的费用,并评价该投资后能获得的效益。评价所获得的效益应尽可能客观。

2. 实施 D

具体实施步骤如下:

(1)对该项管理活动的相关人员进行培训,尤其是与生产一线有关的人员及班组长。培训内容是整个计划及在计划过程中做成的典型事例的内容。

(2)按计划组织人员分担管理活动,有时按制定的管理项目分担,有时按管理执行区域分担。

(3)全员参与改善提案。广泛征集企业员工对提案的看法、意见及改善措施;如果改善意见确实可行,则应该及时修改提案。

(4)改善提案提出后,经有经验的企业管理者认可后实施。

3. 检查 C

检查项目推进是否按计划日程实施,如果没有按时实施,应及时查找原因。

检查项目推进是否能按计划达成预定目标。在管理项目的指标确认时,要分析哪方面出了问题,或哪方面做得比较突出。

分析实施阶段中的失败部分,实施计划的各级管理人员在自己的职责范围内进行诊断,查找失败原因,并及时纠正错误。

4. 行动 A

具体内容如下:

(1)执行活动基本结束时,就应该开始总结及反省。

(2)回顾改善前的管理状况和实施后的主要改善现状。

(3)比较管理活动效果同改善前的效果,并列举出管理实施过程中的优秀典型事例及活动方法。

（4）总结成功经验，制定或修改工作规程、检查规程及其他有关规章制度。

（5）把未解决的问题或新出现的问题带入下一个 PDCA 循环。

在最后的分析中，既要找出存在的、有待改进的问题，同时也要对所有参加人员的努力和成绩给予充分肯定，这样可以增加参与人员的积极性，让他们有更高的热情再投入到下一个 PDCA 循环中去。总之，企业在实施 PDCA 循环时，还要在各个部门和小组内实施小 PDCA 循环，大环带动小环，一级带一级，有机地构成一个运转的体系；争取每循环一次，就能解决一部分问题，取得一部分成功，这样水平就提高一步。到了下一次循环，又有了新的目标和内容，这样循环上升，就可以使企业的 6S 管理水平不断提高。

4.5　定点摄影

1. 什么是定点摄影

所谓定点摄影是工作人员站在同一地点，朝同一高度，对同一物品，用相机将改善前、中、后的情况拍摄下来。通过对 6S 管理前后的对比，可以直观、明显地呈现改善效果，鼓励员工积极改善，还可以作为资料保存，用于宣传教育。

2. 定点摄影的注意事项

在进行定点摄影时，需要注意以下内容：

（1）注意保护个人隐私，避免暴露工作人员的正面清晰照片，如需要正面照片应征求其同意。

（2）三个时期的照片不做后期修饰，使用原片。改善中的照片应在 3S 过程中拍摄，改善后照片应在完成 6S 后拍摄。

（3）照片布局要求合理、突出重点，光线充足，主次分明，掌握整体与特写技巧，突出的中心位置应在照片中央。改善前、中、后照片有画面感，改善效果有冲击力。

（4）选择合适地点：整体拍摄时三次拍摄位置要固定，细节拍摄时应突出主题：如电脑布线、杂物柜、物料放置区、车间产线布局不合理给工作带来的不便。在工作场所则不宜拍摄细节,如更换夹具时、物料车周转时、员工休息区,这样可能无意中暴露个人隐私。

(5)照片保存时按区域建立文件夹,并注明拍摄的日期。

定点摄影主要是通过对现场的前后对照和不同部门的横向比较,给各部门施加一些压力,促使各部门做出整改措施。若仅仅将定点摄影简单地理解为拍照是错误的,这表明推行者没有掌握定点摄影的精髓。

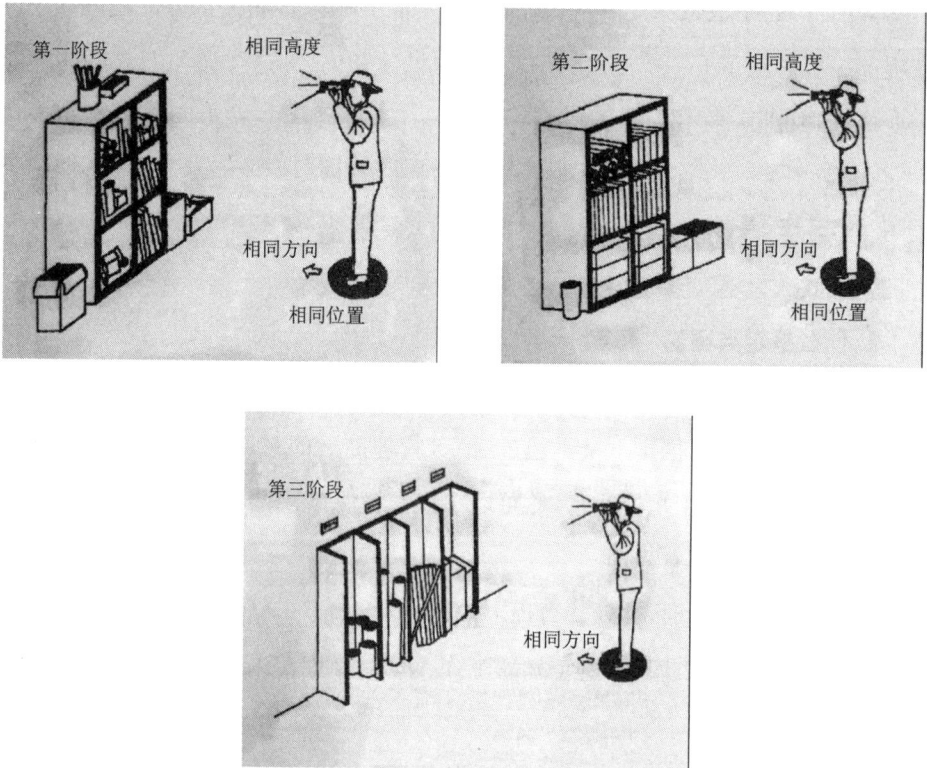

定点摄影

定点摄影应该注意的事项:相同高度、相同方向、相同位置。

定点摄影充分利用了各部门与员工的竞争心理,能够有效地改善生产现场的脏、乱、差等不良状况,从而减少产品的不合格率与错误发生率,保证生产现场的工作效率与安全。

井然有序的某摩配生产车间

我曾见证某汽配公司推行 6S 管理,该公司采取的是试点推行的办法。通过定点摄影,把每个部门最脏、最乱、最差的地方找出来。随着工作的开展,样板区现场发生了显著变化,干净、整洁的样板呈现在员工面前,使员工对这一新事物逐渐有了认同感。最后,该公司通过推行 6S 管理,生产现场管理水平得到了极大的提高,为其他各项工作的开展产生了积极的促进作用。

4.6　五现管理

1. 什么是五现管理

五现管理又叫五现手法、三现两原则等,即现场、现物、现实、原理、原则。因为五个词的开头在日语里都读"GEN"(类似中文发音的"现"),故统称五现管理。

现场、现物、现实:现场出了问题,领导坐在办公室是解决不了的,必须到现场去,来到了现场,看到了"现物",才能做出现实的决定,才能抓住"现实"。这里指的不光是制造环节,对一般的场合都适用。

原理、原则是衡量的尺度,要先去现场,看现物,按现实,按事物的原则和原理来判断和衡量。为什么一定要有尺度呢? 因为每个人都有每个人的判断标准,有人认为这个有问题,有人则认为没问题,如何解决,就必须要有共同的"原则"和"原理",在一个平台上来判断。

五项管理还有一层含义,前"三现"是现状,"原理""原则"是将来的模式,要解决的问题。

2. 实施五现管理的意义

管理者要经常走进第一现场,观察现物,了解现实,掌握原理,把握原则去处理事情。

热衷现场,在现场解决问题,而不是坐在办公室对现场发号施令,这是优秀制造型企业管理者的优良作风,也是必须倡导和坚持的原则,优秀管理者应该自觉遵守这个原则。但是,热衷现场并不否认这样一个管理现实,即职位越高接触"一线"现场的机会越少。接触"一线"现场的机会少,并不意味着高层管理者可以在态度上远离现场,在行动上脱离现场。

3. 五现管理的应用

五现管理有以下几种具体的应用。

(1)站立式会议桌

企业在生产现场设有一个开放式办公室,放着一张会议桌,但没有椅子。如果现场发生了问题,那就围着桌子站立着协调处理问题,也可以作为早会的一个应用场所或任务分配场所等。通常是有紧急事务需要协商时,召集各有关部门人员(通常是质量部门、生产技术部门、生产现场管理人员、开发人员等)会聚桌前开现场会。这样做更高效,更现场,更务实。

(2)即时品质会议

例如 QCC(品管圈,由相同、相近或互补性质的工作场所的人们自动自发组成的小圈团体)活动,有些企业规定 QCC 每天下午有个固定的时间,雷打不动地召开当日品质与生产会议。所有与生产活动有直接关联的部门(如采购、仓库、生产、技术等)代表出席会议,坐在白板前,汇集一天中出现的各类问题(缺料、不良、故障等),确认原因、对策和对策实施部门,提出和实施对策措施。原则上紧急问题当日必须处置完毕,在次日会议上确认进展状况。

(3)生产线停线警报

在某些企业,老板的办公室内有一块连接各生产部门的电子看板,及时显示各生产部门的实际状态,当显示屏出现黄灯(质量异常)或红灯(缺料)时,技术、设备、生产、采购、生管等人员要在几分钟之内到达生产现场集合，现场研究处置对策。

安装了生产线停线警报系统，有序的生产车间

（4）高层管理者现场巡视

高层管理人员每天拿着笔记本随机巡视各主要部门的工作场所和一般人不太关注的场所，每天一到两次，每次的巡视都要求部门负责人陪同，发现现场问题，了解员工工作状态，并及时约定解决问题的时限等。

4. 五现管理的实施

五现管理就是亲临现场，察看现务，把握现实，找出问题的真正根源，从而根据原理原则去解决问题的手段和方法。

五现管理的实施原则与方法：

（1）仔细观察现场的现物、现实，发现问题，并以此作为改善的着眼点；

（2）坚持悲观主义，做最坏的打算；

（3）与其考虑问题，不如优先地去解决问题；

（4）追根溯源，打破砂锅问到底。

现场

第一“现”是现场，就是不要只坐在办公室里做决策，而要赶到现场，奔赴第一线。

但到现场如何观察呢？现场是每天都在变化的，不具备正确的观察方法，就没有办法去感觉出它的变化、异常。

观察一般分四种不同层次：

（1）见：就是不只观察跟自己有关或自己比较感兴趣的事情。一个管理者，要学会做现场管理，不能只看与自己有关的或自己感兴趣的事。

（2）视：就是以某一个特定的事物为对象，睁大眼睛去看，关注某一部分。视就是以某一个特定事物为对象睁大眼睛去看。

（3）看：就是致力于使事物更容易被看清楚，如将看不见的地方显露出来，细小的东西要放大，移动着的东西使其静止等。

（4）观：将目光集中一点去观察，利用自己的思维和智慧去思考，将目光集中一点去观察、发现。

作为一个现场管理者，观察力在"见"这一方面的水平是很低的，容易就事论事，

安装了生产线警报系统的装配产线

头痛医头、脚痛医脚；而在"视"的方面则表现得具有一定的观察分析能力；具备了"看"的功力，而逐渐向"观"的水平发展的管理者才能找出问题的真正原因，明确其症结的所在。

现物

对于现物，管理者要明确的一个最重要的概念就是，要以事实为行动的基础，解决问题要求找到事实的真相。因为只有一个真理存在："到实际问题中去，并客观地观察其过程。"

人常常犯这样一个错误，就是认为看到的现状就是事实，这就让我们在观察时不要仅仅停留在观察症状表面，而应培养自己通过观察分析表面症状背后的原因，

要发现其变化的原因。当你这样做时,掩藏的原因将会显现。

现实

对于现实,有些公司会发生脱离实际的决策,即使面对严峻的后果也没有人怀疑决策的正确性,还以为那是最正确的、最好的方法。

解决问题需要我们每一个人都能做到面对现实,把握事实真相。如果一个人递交一份日常报告,报告上只记录他做了什么,而没有记录他没做什么,那么这里边肯定就有问题。现实就是认真发现问题,实事求是接受现实,实实在在解决问题。

事实分为三种:已报告的事实,你观察到的事实,还有推测到的事实。

我们需要用事实去解决问题,而事实总是变化无常的,要抓住事实就要识别其变化。决策时,我们一定要考虑实际的情况,逐步地调整修正,才能够落实并坚持下去。

原理/方法

即使能及早地认识问题,如果没有掌握原理,我们还是不知所措。现场、现物、现实让我们能通过实践去行动,认识问题,提高我们的洞察力,而原理是找寻一种解决问题的行动,提供一个判断的基准。

原则/标准

只有走到现场,观察现物,把握现实,然后通过原理、原则去处理问题,真正做个彻底的五现管理者,我们的企业才能蒸蒸日上。

在推行五现管理过程中,结合五现管理,以及人、机、料、法、环,逐项落实点检内容、点检标准。在点检基准过程中,要对不符合的项目给予充分描述,明确责任者,且要附上图片。6S 点检基准表参照如下。

6S 点检基准表

点检项目	序号	点检内容/点检标准	点检结果	不符合项描述	责任者	图片
人	1	员工是否按照标准,着工作服装	×			
	2	员工是否遵守标准作业要求	√			
	3	员工是否按照标准佩戴厂牌	√			

点检项目	序号	点检内容/点检标准	点检结果	不符合项描述	责任者	图片
机	4	"工具配置清单"是否与实物相对应	×			
	5	工具表面是否有油污	√			
	6	工具摆放是否整齐	√			
	7	工具使用是否按照标准进行管理	√			
	8	模具表面是否有明显的灰尘	×			
	9	模具摆放是否整齐	√			
	10	模具摆放是否超出规定区域	×			
	11	模具使用是否按照标准进行管理	√			
	12	设备表面是否干净,无明显污垢				
	13	设备顶部是否未放置其他任何物品				
	14	设备是否进行日常性能点检				
	15	设备状态是否标示				
	16	工模、设备是否定点定位				
	17	设备是否进行日常保养				
	18	停产设备是否处于关闭、断电状态				
料	19	是否按区域规划,摆放推车或托盘及物料				
	20	各区域推车、托盘摆放是否整齐				
	21	物料区每批产品上是否有标识卡				
	22	物料容器叠加是否有直接叠压在物料上的现象				
	23	推车、托盘上容器放置是否未超规定数量(小容器最高放置 10 层、大容器最高放置 8 层)				
	24	推车上容器放置是否统一				
	25	推车上是否有垃圾或明显灰尘				
	26	各区域推车、托盘摆放时是否超出规定区域				
	27	不良品是否放置在指定的区域内				
	28	作业产生的可回收废料是否及时放置到指定位置				

续上表

点检项目	序号	点检内容/点检标准	点检结果	不符合项描述	责任者	图片
法	29	现场生产是否遵守标准作业				
	30	作业指导书是否配置				
	31	工艺图纸是否配置				
	32	呼叫系统是否按照运行准则作业				
	33	容器的使用是否按照标准使用				
	34	管理看板表面是否有灰尘、油污				
	35	清扫工具架是否按照运行准则进行作业				
	36	管理看板是否按照运行准则进行作业				
环	37	工作区域地面是否有油污、水渍				
	38	工作台是否有其他异物(非工作用品)				
	39	生产线头垃圾是否及时进行清理				
	40	工作台或流水线产品是否有乱放现象				
	41	作业区周围是否有除定位标识外其他异物				
	42	地面是否有掉落的产品或零件(及时捡回)				
	43	每天对地面、工作台是否进行打扫(用拖把拖地、抹布擦拭)				
	44	工作区域地面的生产垃圾是否及时进行清理(工作人员在有多余时间情况下)				
	45	工作台、流水线、设备是否定期进行清扫(表面没有明显油污或灰尘)				
	46	办公区桌面物品摆放是否整齐,桌面是否干净、无明显灰尘				
	47	办公区地面是否干净,垃圾桶是否及时倾倒				
	48	办公桌椅摆放是否整齐				
	49	办公桌是否摆放与生产无关物品				
	50	离开办公区 30 分钟以上的是否关闭电脑显示屏幕				

第5章　办公室6S精益管理

办公室对外起到窗口的作用,对内可作为标杆榜样,所以在办公室推行6S管理尤为重要。当一家企业办公室的6S管理都做不好的时候,在车间推行6S管理是有一定困难的。

在组织中,管理者要想顺利开展办公室6S管理工作,除了掌握知识技能和方法外,必须要在岗位中创造价值,这样才能在企业中"活下去",才有机会发挥价值;只有"活得好"才有可能推动变革。

本章主要讲解办公室精益6S之整理、整顿、清扫、清洁、素养、安全。

5.1　办公室6S精益管理之整理

整理:对办公室物品进行分类处理,将其区分为必要物品和非必要物品、常用物品和非常用物品、一般物品和贵重物品等;目的是腾出空间,提高工作效率。

办公室6S精益管理中整理的要求有以下几点:

(1)办公桌上没有与工作无关物品的放置;

(2)工作中的相关文件、记录分类摆放整齐、填写清楚无误;

(3)地面没有纸屑、杂物等;

(4)文件夹有明确标识,整齐放置;

（5）私人物品放入抽屉，尽量不放贵重物品；

（6）电脑、电器等电源线要束好，不能杂乱无章地抛落在地上；

（7）办公室里没有说笑打闹的现象。

下表是办公室整理的一些典型活动及执行标准，以供参考。

办公室整理活动及标准

编号	典型活动	执行标准及照片
1.1	抛掉不需要的东西或将其运回仓库，如一年内没有用过的物品	（1）处理掉过期的文件、食物、药物、破损无用物品、机械/仪器设备、空化工容器等 （2）回仓余料或区域内不常用的物品，处理掉坏料等
1.2	3R：环保回收、循环再用及节能降耗。如减少用纸以及水、电用量	（1）垃圾分类存放（如化工类、塑料类、纸类等） （2）设立环保纸箱 （3）申领文具实行以旧换新 （4）制订节能降耗计划

续上表

编号	典型活动	执行标准及照片
1.3	根据需要的物品,按使用程度进行低、中、高方式的存放	所需要的物品均应定位分类存放,如工具类、仪器/机器类、文件类、文具类、物料、零配件等,并将其按经常用、短期用、较长时间用的类别分开摆放
1.4	工作区域私人物品减至最低并集中存放	尽量减少私人物品放在工作区域,并且应集中统一整齐存放,如口杯、衣服、雨伞、鞋等
1.5	处理脏乱、泄漏和损坏情况,并消除其根源	(1)维修时应挂出"正在维修中"的牌子,并要保全相关记录 (2)待维修的地方应挂出"待维修"的牌子,并显示维修完成日期 (3)及时处理好区域内脏乱、泄漏和损坏的情况
1.6	工作用的物品应合理分配和利用(如一套工具/文具/一页表格)	(1)每位职员应有一套适宜的文具 (2)每位修理工应有一套适用的工具 (3)实施一换一制度
1.7	一小时会议(精简发言)	(1)每天早会控制在10分钟以内 (2)要有会议守则(准备议程、准时开会、关掉手机、发言精简、准时结束)
1.8	物料或文件集中存放(包括计算机档案)	文件、记录、文具、工具、物料、食物等均须分类、集中存放

5.2　办公室 6S 精益管理之整顿

整顿:对非必要物品果断丢弃,对必要物品要妥善保存,使办公现场秩序井然、井井有条,并能经常保持良好状态。这样才能做到想要什么,即刻便能拿到什么,有效消除寻找物品的时间浪费。

办公室 6S 精益管理中整顿的要求:

(1)文件、资料等按不同内容分开存放,并详细注明,档案柜贴有标签。

(2)工作区内的椅子摆放整齐,不用时放回桌洞内。

(3)文件柜内的物品分类摆放好,文件夹应标有目录,方便查找,文具应摆放整齐,不得摆放其他物品;文件柜顶不得放置其他物品。

(4)通道上不可放置物品。

下表是办公室整顿的一些典型活动及执行标准,以供参考。

办公室整顿活动及执行标准

编号	典型活动	执行标准及照片
2.1	所有物品都有一个清楚的标识和存放位置	所有的机械、仪器、物料、成品均有名称及完整的标识,标识上明确放置地点
2.2	每个划分的区域均有负责人标识	每个分区都有负责人标识,每个员工都有负责的地区

编号	典型活动	执行标准及照片
2.3	文件、物料、工具等使用合适的容器存放，整齐放置	存放的文件、记录、工具、物料、成品、文具等应采用适宜的容器存放
2.4	文件和物品的存盘标准和控制总表（包括物品的最高、最低数量）	(1)文件、资料应制定存盘标准（如按时间先后、型号、文件编号等）及控制总表 (2)物料、半成品贮存标准及控制总表
2.5	先进先出原则的安排	(1)物料、产品的进出应按先进先出原则进行 (2)应有有效期标记
2.6	区域划分地线和指引牌	各种区域应用颜色地线划分出来，并标识出区域属性及责任人
2.7	整洁、明确、易懂的通告板和通告（有大标题和分区，及时清除过期通告）	通告板上应有分类标题（如行政通告、内部通告、各部门通告和进度等）、负责人及时定期清除过期通告

编号	典型活动	执行标准及照片
2.8	在 30 秒钟内可取出和放回文件及物品	文件、资料集中存放并用彩色斜线分类标记,而且能够在 30 秒钟内取用或存放

5.3　办公室 6S 精益管理之清扫

清扫:对各自岗位周围、办公设施定期进行彻底清扫、清洗,保持无垃圾、无脏污;目的是使不足、缺点明显化。

办公室 6S 精益管理中清扫的要求:

(1)地面无灰尘,无碎屑、纸屑等杂物;

(2)桌面文具、文件摆放整齐有序;

(3)墙角、电脑等处为重点清扫区,要保持干净;

(4)地面上沾染的脏物要及时清洗干净。

下表是办公室清扫的一些典型活动及执行标准,以供参考。

办公室清扫活动及执行标准

编号	典型活动	执行标准及照片
3.1	个人清扫责任的划分及执行(包括高层人员)	每人清理自己的工作范围及负责区域

编号	典型活动	执行标准及照片
3.2	使清扫和检查更容易	(1)所有通道和公共区域均应保持清洁、顺畅 (2)所有电线或插板离地一尺装置 (3)尽量使用机械化清洁作业,如吸尘/吸水机、洗地机等
3.3	清扫那些很少注意到的地方,如风槽顶等	注意清扫隐蔽的地方,如风扇叶、柜顶/底/内/侧、角落、机器下面、风槽顶、灯管顶等
3.4	地面和整体环境保持光洁、明亮	各区域负责人应确保本区域内垃圾、污渍、杂乱等得到及时处理

5.4 办公室 6S 精益管理之清洁

清洁:维护清扫后的整洁状态;目的是通过制度化来维持成果,并显现"异常"之所在。

办公室 6S 精益管理中清洁的要求:

(1)办公桌、门窗等无灰尘、无油污;

(2)地面保持无灰尘、无油污;

(3)清洁用具保持干净;

(4)不做与工作无关的事;

(5)严格遵守执行公司的各项规章制度;

(6)按时上下班,按时打卡,不早退,不迟到,不旷工;

(7)桌面文具、文件摆放整齐有序;

(8)桌面物品都是必需品,传真机、复印机内纸张齐备;

(9)电源、线路、开关、插座没有异常现象出现;

(10)办公桌、电脑及其他办公设施干净无尘。

下表是办公室清洁的一些典型活动及执行标准,以供参考。

办公室清洁活动及执行标准

编号	典型活动	执行标准及照片
4.1	保持透明度,如采用能够一眼看透的玻璃盖/门	(1)各部门应尽量使用透明盖/门的柜子存放物品/文件/工具 (2)如是木质或铁质的盖/门,应在门外标识清楚,并配置相应的照片,明确责任人
4.2	在现场采用直线及直角式的布置,保持通道通畅,以增加空间和减少碰撞	(1)办公桌、工作台的布置以直线直角为主 (2)物料存放以直线直角为主,标识朝外

编号	典型活动	执行标准及照片
4.3	现场工作指引和"已检查合格"的标识	(1)生产/作业现场应有有效的工作指引 (2)仪器及设备,如烙铁(温度)、电批(力度)等均应符合现场指引要求 (3)物料/成品的状态有明确标识
4.4	电掣功能、控制范围标识及电线的整理(包括离地)	(1)各类电线、电话线等应分类扎好,不能交叉、凌乱 (2)对各个开关的控制范围要明确标识
4.5	节省能源方法	(1)下班时应将空调、电灯、计算机、风扇等电器的电源关闭 (2)制定空调合适温度指针,例如,将空调统一设定在 24℃,当气温低于 24℃时,空调启动不了 (3)张贴相应的标语

编号	典型活动	执行标准及照片
4.6	通道、管道等的方向标识及颜色区分	(1)通道方向要标记 (2)喉管以颜色管理、分区 (3)电掣有荧光开关标记
4.7	颜色和视觉管理(纸、文件匣、名牌、柜子等)	(1)对文件用不同颜色作为分类标记 (2)危险标记、消防设施/通道等安全标记统一使用红色
4.8	在平面图和现场加上 6S 管理和工作责任标识	 各部门将 6S 管理划分的责任区域形成平面图,并张挂于部门内明显的位置
4.9	防止噪声、震动和危险情况并消除隐患	(1)定期检查及保养仪器和设备,如有超标应及时改善 (2)定期检查安全设施及安全隐患

编号	典型活动	执行标准及照片
4.10	清晰的部门/办公室标识、名牌和工作证	(1)各部门、各办公室、各职位均应有清晰的名牌 (2)每个人均应按规定佩戴厂证
4.11	防止出错的方法	(1)挂工具的墙或木板上有线条显示其形象,并标识清楚 (2)固定摆放物品的位置均须以图标/照片显示

5.5 办公室 6S 精益管理之素养

素养:将上述四项内容切实执行、持之以恒,从而养成习惯;目的是提升"人的品质",养成对任何工作都持认真态度的人。

办公室 6S 精益管理中素养的要求:

(1)按规定穿戴服装;

(2)对上级及来宾保持应用的礼仪;

(3)不随地吐痰,不随便乱抛垃圾,看见垃圾及时收好;

(4)上班时间不进食;

（5）上班时间不看报纸、杂志等与工作无关的刊物；

（6）各部门人员下班后必须锁好门窗。

下表是办公室素养的一些典型活动及执行标准，以供参考。

办公室素养活动及执行标准

编号	典型活动	执行标准及照片
5.1	履行自己的职责	（1）遵守厂纪厂规、员工守则 （2）履行个人工作职责
5.2	每天收工前 5 分钟执行 6S 活动可以自己制定执行内容表	上岗前统一佩戴帽子、头花，不得戴耳环、耳钉等饰品 女士不得浓妆艳抹，淡妆上岗，不得使用浓烈的化妆品及香水 工服：每日工服必须保持清洁。无油渍、无污点、无脱色，无黄斑，无异味。工服扣子要扣完整，忌有遗漏现象 脚：员工统一穿工鞋，禁止穿运动鞋，保持鞋面干净 头发：前不盖眉，侧不压耳，后不压领，禁止留长发和奇形怪发，戴帽子 手：双手时刻保持干净，指甲不得过长，不得在指甲上涂色或有其他装饰，不得佩戴戒指、手链等其他饰品 围裙要戴好，与腰齐平，忌过高过低 每人每天收工前均需按"个人 6S 检查表"进行 5 分钟执行活动
5.3	组织架构和服务宗旨放在入口明显位置	（1）每个部门均有最新组织架构图 （2）每个部门都有公司管理方针和部门目标

5.6　办公室 6S 精益管理之安全

安全:上述一切活动,始终贯彻一个宗旨:安全第一。目的是杜绝安全事故,规范操作,确保产品质量。

办公室 6S 精益管理中安全的要求:

(1)定期举行消防、防台风、防水灾、防化学品泄漏等的演习;

(2)每个出口处均有"安全出口"标识;

(3)逃生指示明确;

(4)消防通道不得堵塞;

(5)消防条件符合国家相关要求,消防栓、灭火器等设施安全有效。

下表是办公室安全的一些典型活动及执行标准,以供参考。

办公室安全活动及执行标准

编号	典型活动	执行标准及照片
6.1	处理紧急情况的培训,如火警、化学品泄漏、急救等	(1)急救药箱内均有药品,且配置符合规定 (2)每个部门均应定期(每半年)举行急救、逃生、救火等知识培训 (3)定期举行消防、防台风、防水灾、防化学品泄漏等演习,并以图文的形式设专栏进行宣传 (4)逃生门处均应配置开启的工具和钥匙 (5)定期检查消防设备

续上表

编号	典型活动	执行标准及照片
6.2	穿戴安全衣/帽/手套/鞋/带/眼罩/耳塞等防护用品	(1)取用及贮存化学药品，应遵守相关文件规定 (2)喷油、浸锡、打磨应戴适用的手套、口罩和眼镜 (3)使用的静电带、烙铁、电批等均应经检测合格并符合指引要求
6.3	"紧急出口"标识和火灾逃生指示图	(1)每个出口处均有"安全出口"标识 (2)每个区域均有"逃生图"(走火图)张挂于出口/入口明显位置

编号	典型活动	执行标准及照片
6.4	"危险"牌、警告灯、响号、灭火器及其他安全设备、设施	(1)消防设施处应用红色标识 (2)危险品处应有相应警示标语 (3)消防/安全设施处及其通道不能存放任何物品 (4)消防/安全设施定期检查,并有安全使用指引

第6章 仓库6S精益管理

仓库6S管理极其重要,如果仓库6S推行不好,将会导致呆滞库存,而呆滞库存会占用企业大量的资金,浪费企业的人力、物力及财力。要想把仓库的6S推行好,必须要有合理的仓库6S布局规划,选用适合企业的仓库管理软件,建立仓库作业标准规范,及时处理呆滞物料等,从而减低仓储成本,减少库存、减少资金占用率。

6.1 科学合理地做好仓库布局

在推行仓库6S管理过程中,仓库的布局规划方案应结合企业所属行业的属性、企业发展的阶段、企业厂房的实际情况等方面来衡量。因地制宜实施布局方案,才能降低成本。在规划仓库6S管理过程中,应该注意以下几点原则。

1. 经济性原则

每个企业发展的情况不同,在布局规划的时候,除了考虑企业产品的特性,仓库放置产品所需的空间面积、货架、温度、物流周转车等因素外,还要考虑仓库的各功能区的规划和布局是否合理,物流路线是否顺畅,是否先进先出,以确保好用、经济、实用。

2. 协调性原则

对原材料仓库、零部件仓库、半成品仓库、成品仓库等,应结合不同产品的属性堆放要求,选定适合的楼层放置。移动距离越短,所需的时间和费用就越低;应避免物流线路交叉、物料等待时间过久等问题,以保障仓库物流的整体协调性。

3. 战略性原则

在推行仓库 6S 管理过程中,要考虑厂房的楼层高度,厂房是企业主自己的还是出租的,要考虑仓库的使用年限,在这期间是否需要再次搬新厂等,从战略的高度为布局做全方位的考虑。

6.2 如何提升仓库 6S 管理软实力

做好仓库的 6S 布局,定容、定量,明确库区、库位、库码后,还要考虑仓库软件的使用等问题。

这些年,很多企业都尝试了很多种仓库管理软件,有的企业确实用得不错,对企业的数据化升级起到了关键的作用;但是有些企业选择的仓库管理软件却不尽人意,导致推行仓库 6S 频频受阻。

怎么选择一款好的仓库管理软件? 适合自己需要的仓库管理软件是很必要的,那么如何才能选择到适合自己的仓库管理软件呢,可以从以下几个方面考虑。

1. 功能因素

首先要确定自己的企业需要哪些功能。一般小型仓库的主要工作就是入库、出库、库存查询、定期盘点等业务,选择仓库管理软件时要满足这些需求。部分特殊的产品还有特殊的要求,如先进先出、批次管理,工具仓库的领用、归还、移交下任使用人等情况,是否支持条码标签打印管理等。

2. 架构因素

在选择架构时,要确定是需要一台电脑还是多台电脑,在公司内部局域网使用还是广域网使用,以及后期的扩展性等。

3. 仓库管理软件的稳定性

不管是单一功能的软件还是多功能的软件,所围绕的标准都是软件的稳定性。试想一下如果一款软件时不时闪退、时不时数据出错或丢失,用这样的软件来管理仓库,结果显而易见。所以仓库管理软件在这方面,必须要做到稳定。

4. 仓库管理软件的售后服务、更新

一款好的软件是与时俱进的,根据不同用户的需求及反馈,定时定期地对软件进行更新,满足用户的需求;售后人员应及时了解客户所需,解决用户在使用过程

中的问题。

5. 价格因素

一般仓库管理软件从几千元到几百万元不等,在满足功能以后,要考虑价格,同等功能的情况下当然是选择价格能接受的。

总之,买软件不仅是买软件本身,还要看软件功能的服务性、前期售前服务、中期实施服务、后期售后服务都是非常重要的部分。适合自己企业的才是最好!

6.3　规范仓库作业流程

推行仓库 6S 管理,是理顺仓库现场秩序和提高工作效率的重要管理手段。通过规范现场、现物,营造干净、整洁的工作环境,培养员工良好的工作习惯。促进仓库明朗,账、卡、物的一致性不断提高,培养仓库管理人员工作标准化、规范化、程序化、系统化的工作方式。一定要结合企业实际,制定适合的仓库作业流程与管理规范。具体参考如下:

企业在实施仓库 6S 管理过程中,一定要重视仓库出、入库及物料控制规范,控制库存数量,确保数据准确性,确保安全,保障生产有序、高效运行。

1. 仓库管理员的职责

仓库管理员需要担负以下职责:

(1)仓库主管对仓库管理的最终结果负责,如对车间与仓库管理过程中有违规的行为进行处理、协调、指导;

(2)仓库员对分管区域的管理结果负责,包括物料出入库、储存、保管、盘点及账目数据报表的准确性等管理;

(3)配料员协助仓库员做好准确、正确的配料负责;

(4)生产车间协助仓库主管执行仓库管理规定;

(5)质检员协助仓库主管确认产品质量;

(6)采购协助仓库主管准确、及时更新物资信息。

2. 管理流程和规范

仓库的作业流程涉及入库、出库、退料/换货等多个流程,以下对每个流程及管理规范进行描述。

（1）入库工作流程和工作规范

下表列出了入库工作流程以及对应的管理规范。

入库工作流程及管理规范

工作流程	工作说明及规范
	（1）产品自制/供应商随物料来的要有入库单或报检单,货单要求填写的内容包括: ①产品型号、规则; ②产品重量、数量; ③生产计划号或采购单号; ④送货日期等。 上述信息不清晰的货单,仓管员需要追溯生产部或采购部以查明来源。 （2）物品暂放"待检区",等待仓管员或品检员验收、检查合格送至相应车间及仓库
	品检员要及时对来料进行检验(不得停滞4小时及以上) （1）品检员核对报检单的来料与订单要求的型号、规则是否相符。 （2）检验是否符合合同要求及工艺技术要求等。 ①检验合格的,在报检单上签字确认,并安排物流员送至相应车间及仓库。 ②检验不合格的填写质量信息反馈单,并由各部门审核处理。 拒收:退回供应商或车间返工(自制)。 降级、挑选使用:做好标识,申报质量经理批准后执行。 （3）品检员做好相关质量信息反馈单记录,以备查验
	（1）仓管员核对自制/供应商的入库单或报检单,查点实物数量,不足额则反馈给采购部及生产部;清点完毕后,按实收数量开具入库单一式三联,一联仓管员存底,另外两联由仓管员分别转交给采购部和财务部(自制免)。 （2）统计物料送货完成量,及时反馈给采购部和生产部,让采购部和生产部知道物料的交货进度
	（1）物料清点完毕后,按相关库位上架,同时在物料收拨卡加上相应的数量。 （2）当天入库完毕的单据,最迟在第二天早上9点钟前完成入账。 （3）入账完毕,所有单据则统一交财务部留底保存

（2）出库工作流程和工作规范

产品或物料在出库时也有对应的工作流程和管理规范，见下表：

出库工作流程及管理规范

工作流程	工作说明及规范
车间开单领料	（1）生产车间根据生产计划单提前 4～8 小时开具领料单一式二联，或更新总成滚动计划表。 （2）领料单需写明产品或物流的详细型号、规格、计划单号、数量、需求时间等
备料/货	（1）仓管员根据领料单的详细型号、规格、数量、需求时间安排备货并标识好（每备一种物料，同时把物料收拨卡数量减数），然后把备好的物品放在备料区；配件仓库根据滚动计划提前备料暂放备料区。 （2）采购未到位的物料，需及时催促通知采购部对供应商进行跟催。 （3）发现物料不足的，应立即通知采购部及生产部
仓库发货/车间核数	（1）生产现场领料及时通知仓库，由物流员发料到相应车间周转区。 （2）仓库按照领料单及计划的型号、规格、数量把生产车间需要的物料准时发放给生产车间。 （3）生产领料人员收到物料后，应核对物品的型号、规格、数量是否与领料单及滚动计划表排产物料要求是否一致，核对无误后签字确认。 （4）未有领料单或未经仓管员同意，私自取用物料，每人每次罚 50 元起
入账	（1）仓库发料完毕后，则根据领料单型号、规格、数量等数据，及时录入电脑账目，确保账、卡、物一致。 （2）当天所发物料，必须在第二天早上 9 点钟前完成入账工作。 （3）入账完毕所有单据，统一交财务部留底保存

（3）退料/换料工作流程和规范

有关退料或换料也有自己的工作流程和管理规范，见下表：

退料/换料工作流程及管理规范

工作流程	工作说明及规范
车间退、换料手续	根据报废、返修,结合物料等原因进行分类退、补料作业申请: ①制程损坏、来料不良的物料,要分类清楚,不得混放,在退换料周转筐上标明:计划单号、物料名称、型号规格、退料数量,并填写退(补)料单,经车间经理签名确认后,退仓换/补料。 ②结余物料退仓,同上要求执行
废次料报废与退货处理	(1)当日次品必须当日退补,仓管员核对品种数量,在退(补)料单上签名确认后发放相应数量的物料;把次品归位到次品区。 (2)当一个生产批次完成时,结余物料必须在当天退回仓库,仓管员核对品种数量,在退(补)料单上签名确认;结余物料分类上架。 (3)退料上架归垛后,及时更新台账及物料卡数据。 (4)报废或来料不合格品,需在退供应商的二日内,将数据报采购部处理。 (5)经确认报废处理的次、废料,统一交废品处理人员变售,每季度一次

(4)库存标准与维护管理

库存标准与维护管理见下表:

库存标准与维护管理工作流程及规范

工作流程	工作说明及规范
制定库存标准	(1)由采购部、生产部每月一次评估,制定或调整物料库存标准,对前期用料逐渐降低库存标准量;对连续三个月增加用量的,增加库存标准量。 (2)将常用或使用率高的物料(见台账出入库频次),设置报警功能,红色数字表示低于或高于库存设定标准值
目视化与动态维护	(1)使用频率高的物料,建立实物目视化体系(可以用库存预警标尺法、标准周转容器法)。 (2)对部分畸形物料或不规则的物料,用采购称重测量法,确保盘存数据的准确性与盘存工作效率。 (3)当库存低于标准预警值时,由仓管员及时向生产部(自制料)或采购部(外购料)申请补仓。每周必须进行一次全面核对工作。 (4)当为批量大单时,自制件实现准时化生产,批量物料不入库,实行在线转序交接生产模式,避免搬运浪费与库位不足的问题

工作流程	工作说明及规范
数据维护管理	（1）仓管员每周六进行一次物料指派用料（应领未领料）结存工作,将本周的生产订单用料,全部输入电脑台账减存（注明减存订单号）,以确保下周用料计料的准确有效。 （2）对与账目不符的物料,在物料卡上贴上红色标签纸,等作业空余时,进行盘点核数,确保账、卡、物一致。 （3）积滞料、次品料需区分台账,以免生产计料出现误判
数据安全与共享	（1）仓库台账联网后,仓管员不得随意更改文件夹名。 （2）非生产需要人员不许访问或拷贝数据,否则,可作为窃取公司商业数据的行为处理。 （3）物料名称的更改,须经技术部门统一部署或批准,确保仓库数据能为生产、采购、技术等相关部门提供有效制造应用支持

6.4　库存物料盘点

所谓盘点,是指定期或临时对库存商品的实际数量进行清查、清点的作业,即为了掌握货物的流动情况（入库、在库、出库的流动状况）,对仓库现有物品的实际数量与保管账上记录的数量相核对,以便准确地掌握库存数量。

库存物料盘点

6.4.1 盘点方法

1. 动态盘点法

所谓动态盘点法,就是在入库的时候就盘点。入库时把每一种货品数量清点清楚,注意存放的位置,然后将数目和库位信息记录到系统。这种方法对于对库存要求较高的电商企业来说是必不可少的一环,是确保一开始信息源准确的基础。

2. 循环盘点法

循环盘点是指在每天或每周盘点一部分商品,一个循环周期将每种商品至少清点一次的方法。循环盘点通常对价值高或重要的商品检查的次数多,而且监督也严密一些;对价值低或不太重要的商品盘点的次数可以尽量少。

循环盘点一次只对少量商品盘点,通常只需保管人员自行对照库存数据进行点数检查,发现问题按盘点程序进行复核,并查明原因,然后调整。也可以采用专门的循环盘点单登记盘点情况。

某企业仓管人员盘点货物

3. 重点盘点法

就是重点对一部分物品进行盘点。哪些物品要重点盘点?例如,进出频率较高的、易损易耗的都需要盘点,这样可以防止出现偏差。

4. 定期盘点法

一般仓库都要定期盘点,每周盘点理论上可以将库存做到最精确,然而考虑到人力成本太高,大部分企业采取每个月盘点的方式,也有每个季度盘点的,当然,不管仓库管理如何,每一年至少盘点一次。

6.4.2　盘点的好处

首先,在仓库运转过程中,货品不断地进出仓,日久可能会发生一些差额或小错误,盘点可以及时确定备货的现存数据,纠正账物不符的现象,避免因账面的数据错误而影响正常生产和销售。

其次,检讨备货管理的绩效,进而从中加以改进。仓库是否存有滞销货品、存货周转率情况如何,过季产品如何处理等,经过盘点都可以清清楚楚并加以改善。

再次,可以计算损益。

企业的损益与货品库存有密切的关系,对于易损易耗物品,库存是否正确直接关系到存量与单价的正确性。对于季节性较强的货品,每个季度盘点可以得到准确的库存数从而考虑如何处理,以求得到正确的损益。

最后,盘点对遗漏的订货可以迅速采取订购措施。如采购部门因工作的疏忽漏下订单,通过盘点,可以加以补救。

某企业仓库一角

6.4.3 盘点中存在的问题

(1)不重视前期的分工。

没有将盘点任务做合理明确的安排,导致有的区域盘点完成,有的区域还没开始盘点,或者有的区域没有安排人盘点。

(2)没有有效的监管措施。

盘点人员态度敷衍,没有认真盘点或者因为经验不足造成盘点遗漏。

(3)盘点期间仍然营业。

盘点时期有货物进出仓库却没有正确处理,导致盘点数据不准确。

(4)数据丢失。

这点对于没有使用 WMS 仓储管理系统的企业尤其突出;盘点库存时,如果纸质单据丢失会导致数据不清楚。

一般来讲,使用 WMS 仓库管理系统的仓库,因为系统自动盘点库存的功能,每天都会对仓库存货账面数目盘点,让仓库的货物有一个准确的数据可以反馈给店铺后台,能及时对比两边数据,避免店铺超卖或者积压商品,节省了许多盘点的时间。

综上可以看出,日常管理无论多规范的仓库,因为货品频繁进出、人工操作的不确定性,仍然会产生一些货账不符的情况,定期盘点很有必要。

6.5 对呆废料的处理

由于管理无序或各相关部门的工作失误,仓库都有不同程度的呆废物料,要想提升仓库管理效率,提升仓库 6S 管理,必须对在库呆废物料进行处理,以确保仓库整洁、有序。

6.5.1 什么是呆废料

所谓呆料即存量过多,耗用量极少,库存周转率极低的物料,这种物料可能偶尔耗用少许,甚至根本就不会动用。

　　所谓废料是指报废的物料,即经过使用,本身已残破不堪、磨损过甚或已超过寿命年限,以致失去原有功能而再无利用价值的物料。

6.5.2　如何预防过多出现呆料

1. 销售部门

(1)销售人员接受的订货内容应准确,并把正确而完整的订货内容传送到计划部门。

(2)加强预测,尽量利用订单制订销售计划,避免销售计划频繁变更,使购进的材料失去利用价值而变成仓库中的呆料。

(3)顾客的订货应确实有把握,尤其是特殊订货应设法降低顾客变更的机会,否则已经准备的材料尤其是特殊型号和规格的材料非常容易成为呆料。

2. 技术研发部门

(1)产品开发设计完成后,先小批量试制,确保技术无异常后再大批订购材料。

(2)加强设计管理,避免因设计错误而产生大量呆料。

(3)设计时要尽量使用标准化的材料。

3. 计划与生产部门

(1)在新旧产品的更替时期要周密安排,以防止旧材料变成呆料。

(2)加强与业务部门的沟通,增加生产计划的稳定性,对紧急订单妥善处理;若生产计划错误而造成备料错误,一般会产生呆料。

(3)生产线加强管理,尤其是发料、退料的管理。

4. 仓库与物控部门

(1)物控部门对存量加以控制,勿使存量过多。

(2)强化仓储管理,加强账物的一致性。

(3)减少物料的过多采购。

5. 质量验收管理部门

(1)物料验收时,应对进料严格检验。

(2)加强检验设备的精确化,并同供应商协商确定检查的标准及方法。

6.5.3 在推行仓库 6S 管理中,如何处理呆废物料

仓库 6S 管理要有效推行,必须定期处置呆废物料。

在整理、整顿过程中做到"两齐"(库容整齐、堆放整齐),将仓库的呆滞物料进行归类,形成报表,争取做到"三清"(数量清楚、质量清楚、规格清楚)。

对呆滞物料的产生需要追根溯源,做到提前预防和发现呆滞。对于已经产生的呆滞物料,要想法调剂处理,将损失降为最低。处理的方式无外乎拆用、修改再用,如整形、重烤漆等;在不影响功能、安全及主要外观前提下代用类似物料;和供应商协调退换甚至打折退换;找机会转让给其他供应商及客户等。

由公司组织技术、品质、采购、财务、仓库等部门会审,将可利用物料重新入库,不良品、停用呆滞物料折价退回供应商或以报废变卖处理,以确保仓库 6S 的"三洁"(货架、备件、地面)、"三相符"(账、卡、物)、"四定位"(区、架、层、位对号入座)。

第 7 章　6S 精益管理中可视化标识管理

当我们想去某个目的地,但又不熟悉路线的时候,我们可以依靠导航来完成。跟着导航的指向,我们可以按照导航规划选择最优路线,为我们的出行节省时间。在推行 6S 过程中,可视化标识管理同导航一样,是一个非常重要的环节,可视化管理就是将需要管理的对象,用一目了然的方式来体现。

7.1　标识管理标准

6S 管理中,有各种可视化标识,对其高效的管理是推进 6S 精益管理的一项重要的内容。在 6S 管理中,对不同的标识有不同的管理规范。

7.1.1　定位线标识

定位线标识能给员工创造一个干净、整洁、舒适、合理的工作场所,能够规范工作场地。企业推行 6S 管理时要结合定位的对象,参照相应的标准实施,具体如下:

定位线标识

名称	定位线标识	编号	01
目的	对各类物品进行定位,明确物品摆放位置,规范物品的管理,确保安全区域		
对象	各类办公桌、办公用品、清洁用品、消防用品、仪器仪表、设备移动设施等		

续上表

名称	定位线标识	编号	01

标准	1.办公区域采用 25 mm 黄颜色线条,四角定位。 2.各类台面上摆放的仪器、仪表等设施采用 25 mm 黄颜色线条,四角定位。 3.各类设备采用 45~50 mm 黄颜色线条,四角定位。 4.各类办公桌面采用宽 10 mm 蓝线条,四角定位。 5.消防用品采用红颜色线条进行四角定位,办公室内小型可移动消防用品用宽 25 mm 线条,现场使用的采用宽 45~50 mm 线条

图解	样式 办公区域: 25 mm 黄色 各类台面上仪器: 25 mm 黄色 各类设备: 50 mm 蓝色 各类办公桌上物品: 10 mm 蓝色 各类消防器材: 办公室: 25 mm 红色 生产现场: 50 mm 黄色

7.1.2 区域牌标识

楼层符号一般用 F 标识,例如:1F、2F 表示 1 楼、2 楼。楼层牌指悬挂在各楼层的上下楼梯口,用于标注楼层编号的标识牌,它和楼栋牌、单元牌、户号牌、消防用牌等统属于楼宇标识牌。楼宇标识牌是每栋新建多层和高层建筑所必备的。

推行 6S 过程中,最好结合企业的识别系统设计楼层标志。相关注意事项如下:

区域牌标识

名称	区域牌标识		编号	02
目的	有统一规范的标识牌			
对象	现场区域或楼层标识牌			
标准	有公司标识,统一题头,统一颜色,统一字体 一般尺寸在长 300 mm×宽 200 mm			
图解				

7.1.3　危险区域标识

设立危险区域标识的目的,是使人员在出入时注意安全,相关注意事项如下:

危险区域标识

名称	危险区域标识		编号	03
目的	为了使人员在出入时注意安全,给危险区域做安全标识			
对象	1.阶梯、安全扶手、凸出的建筑物柱子。 2.其他要求安全的地方。			
标准	1.用黄色、黑色线标识危险区域,安全警示标识应是黄底黑字。 2.黄色与黑色的比例为 1∶1。 3.需要特别出入的地方要标识引导线。 4.线的宽度 50 mm,黄黑线条相等。 5.线的角度:45 度。 6.“小心台阶”黄底黑字,170 号宋体加粗,12 cm×33 cm,“扶好抓稳”为黄底黑字,100号宋体加粗,21 cm×10 cm			
图解				

续上表

名称	危险区域标识		编号	03
图解				

7.1.4　灭火器/配电柜/消防栓标识

企业对灭火器/配电柜/消防栓要有标准的标识。

灭火器/配电柜/消防栓标识

名称	灭火器/配电柜/消防栓标识	编号	04
目的	规范现场灭火器存放区禁置线的划置,防止发生火灾时取用灭火器不便而造成时间上的浪费(配电柜、消防栓与此类似)		
对象	现场灭火器/配电柜/消防栓存放区		
标准	1.现场消防器材存放区禁置线使用黄色 2.消防用品采用黄颜色线条进行四角定位,办公室内小型可移动消防用品,用宽25 mm线条,现场使用的采用宽45～50 mm线条。 3.小型灭火器可以只划四边区域线		
图解			

续上表

名称	灭火器/配电柜/消防栓标识		编号	04
图解	 灭火器存放柜划置原则： 1.宽度以灭火器存放柜实际宽度为准，选取合适宽度区划。 2.以上要求应在确保灭火器柜门可顺利开启并取用的前提下			

7.1.5　推拉门的标识

对推拉门进行标识，以对办公和生产场所各种门进行管理，防止误推误撞，预先可以做出避让行动。相关注意事项如下：

推拉门标识

名称	推拉门的标识		编号	05
目的	对于办公和生产场所各种门的管理，方便开门出入，防止误推误撞，预先可以做出避让行动			
对象	各类生产场所和办公场所的所有门			
标准	1.推、拉、固定门标识统一制作。 2.在门锁上方 40 mm 处贴上"推"字牌，并在门背面对应位置贴上"拉"字牌，当门锁上方有门把手时，以把手最高处为基准。 3.标贴边缘与门边的距离根据门的不同而定，一般不大于 25 mm			
图解				

名称	推拉门的标识		编号	05
图解				

7.1.6　办公桌面物品定置标识

在推行办公室 6S 过程中,要规范桌面物品,对其进行定置标识,保持桌面简洁美观。需要注意以下事项:

办公桌面物品定置标识

名称	办公桌面物品定置标识		编号	06
目的	规范桌面上物品的定置标识,保持桌面简洁美观			
对象	办公桌上的所有物品			
标准	1. 桌面定位线为宽 10 mm 的蓝线,线条尽可能短,任何物品均采用四角定位,四边尺寸尽可能短。 2. 桌面定位线可采用公开或隐藏的方式进行标识,公开方式为放在物品的外面(如实例 1),隐藏方式为放在物品下面(如实例 2),在物品可视部分缩进 1 mm 进行定位			
图解				

7.1.7　抽屉标识

在推行办公室 6S 中,要明确各抽屉保管物品的分类,使抽屉标识明确,整齐划一,相关注意事项如下:

抽屉标识

名称	抽屉标识	编号	07
目的	明确各抽屉保管物品的分类,使抽屉标识明确,整齐划一		
对象	办公桌固定的抽屉、办公室的移动柜抽屉、柜子抽屉等		
标准	1.此标识可以定做也可以按要求打印。 2.桌子抽屉张贴在左上角,紧靠左边缘和上边缘(包括桌子柜)		
图解			

7.1.8　文件框及文件夹标识

在推行办公室 6S 中,要规范文件框的标识。文件标识不清,文件乱放会导致急找东西的时候找不到,浪费时间。相关注意事项以及标准参照如下:

文件框及文件夹标识

名称	文件框及文件夹标识	编号	08
目的	规范文件框的标识		
对象	文件框和文件夹		
标准	1.标识大小以文件框上张贴标识空格处尺寸为准。 2.文件框标识上用宋体 3 号字,左侧对齐写清楚各文件夹名称,标识上名称需与文件夹名称相对应,双面文件夹名称用小初宋体,如有拉杆文件夹,应集中放在文件框的一格或几格内与双面文件夹区分存放,拉杆文件夹名称用三号宋体		

名称	文件框及文件夹标识	编号	08
图解			

7.1.9　文件柜/资料柜/物品存放柜标识

在推行办公室 6S 中,要统一规范文件柜/资料柜/物品存放柜的标识,方便查找。相关注意事项以及标准参照如下:

文件柜/资料柜/物品存放柜标识

名称	文件柜/资料柜/物品存放柜标识	编号	09
目的	统一规范文件柜/资料柜/物品存放柜的标识,方便查找		
对象	所有文件柜、资料柜、物品存放柜等各种柜子		
标准	标识位置为每个柜子的左上角或右上角		
图解			

7.1.10　文件盒标识

在推行办公室 6S 中,要明确各文件盒的分类,使文件盒标识明确,整齐划一。文件盒管理规范化,可以节约查找时间,提高工作效率。相关注意事项以及标准参照如下:

文件盒标识

名称	文件盒标识		编号	10
目的	明确各文件盒的分类,使文件盒标识明确,整齐划一。文件盒管理规范化,可以节约查找时间,提高工作效率			
对象	文件柜内文件盒			
标准	1. 在文件盒上贴上文件明细,标签尺寸按文件盒大小自定。 2. 文件盒实行可视化形迹管理			
图解				

7.1.11　报刊架标识

一些企业会订一些报纸杂志,在推行办公室 6S 中,可以结合实际,固定报纸摆放位置,避免报纸随意放置,规范报刊的管理。相关注意事项以及标准参照如下:

报刊架标识

名称	报刊架标识		编号	11
目的	固定报纸杂志摆放位置,避免随意放置的现象,规范管理			
对象	各类报刊及其保管架			

名称	报刊架标识		编号	11
标准	在报纸夹和报纸架对应的地方标识相同的颜色标签			
图解				

7.1.12 清洁工具标识

在推行办公室 6S 中,明确清洁工具的放置位置,进行集中管理以方便取用,缩短查找时间,避免乱丢乱放现象,提高工作效率。相关注意事项以及标准参照如下:

清洁工具标识

名称	清洁工具标识		编号	12
目的	明确清洁工具的放置位置,进行集中管理以方便取用,避免乱丢乱放现象,提高工作效率			
对象	各种清洁工具			
标准	上架、离地管理,并注意拖把的接水措施			
图解				

7.1.13　电源开关标识

在推行办公室 6S 中,要使开关作用可视化,减少误操作频次。相关注意事项以及标准参照如下:

电源开关标识

名称	电源开关标识		编号	13
目的	使开关作用可视化,减少误操作			
对象	所有电源开关(墙壁)			
标准	标识样式和实例如下图			
图解				

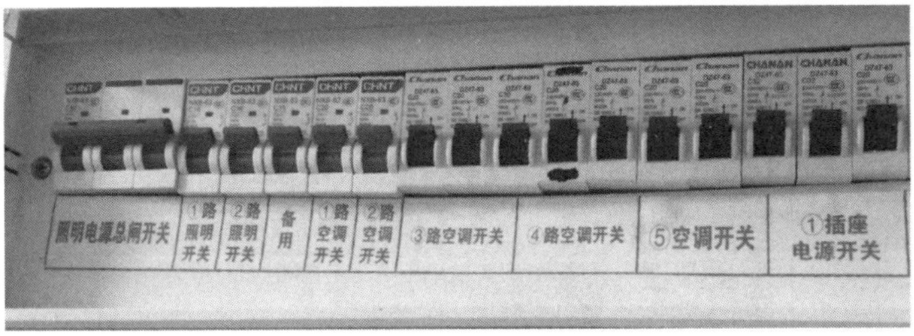

7.1.14　插头/插座/电源线标识

在推行办公室 6S 中,要使插头可视化,减少误操作频次,规范电源线的管理,使工作场所美观、整洁。相关注意事项以及标准参照如下:

插头/插座/电源线标识

名称	插头/插座/电源线标识		编号	14
目的	减少误操作频次,规范电源线的管理,使工作场所美观、整洁			
对象	同一插座上有两个以上的插头,两根以上的电源线			
标准	1.如下图所示,在插头线上用标签标注出用电物品的名称。 2.当同一插座上存在有两种相同物品时,应对相同物品标注顺序号或指明使用者,两根以上的电源线要紧扎成束			
图解				

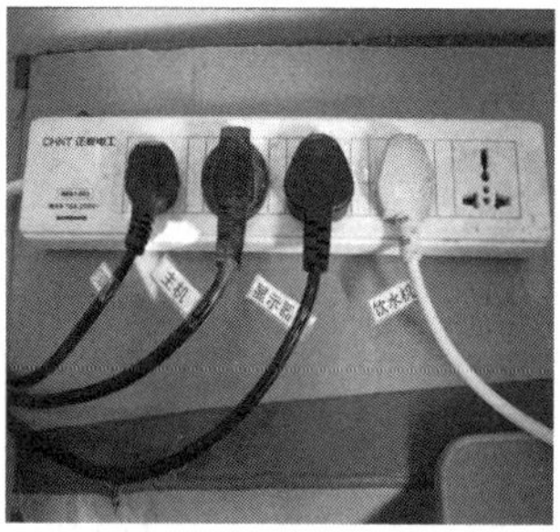

7.1.15 门牌标识

在推行办公室 6S 中,要对各种房间规范管理,让其功能一目了然,并方便寻找。门牌标识相关注意事项以及标准参照如下:

门牌标识

名称	门牌标识		编号	15
目的	规范管理,让各种房间功能一目了然、方便寻找			
对象	办公室、物品储藏室、更衣室、会议室等需要标识的处所			

名称	门牌标识		编号	15
标准	有公司标志,统一题头,统一颜色,统一字体 一般尺寸:长 300 mm×宽 100 mm			
图解				

7.1.16　生产现场设备定位标识

在推行 6S 中,要规范设备的管理,确保安全区域。相关注意事项以及标准参照如下:

生产现场设备定位标识

名称	生产现场设备定位标识		编号	16
目的	规范设备的管理,确保安全区域			
对象	生产现场所有设备			
标准	定位线使用黄色 50 mm 线,直角定位或区域定位			
图解				

7.1.17 通道地面线标识

在推行 6S 中,通道地面线标识是指明人行通道的区域,可以确保安全区域,形成人流、物流鲜明的工厂环境,使员工和访客心情愉悦。相关注意事项以及标准参照如下:

通道地面线标识

名称	通道地面线标识		编号	17
目的	指明人行通道的区域,形成人流、物流鲜明的工厂环境,使员工和访客心情愉悦			
对象	主要通道、一般通道线、辅助通道线、区域通道线			
标准	1.主通道线为黄色 100 mm 宽的线条。 2.一般通道线、辅助通道线、区域通道线一般为 50 mm~60 mm 宽的线条			
图解				

7.1.18　零件放置区标识

在推行 6S 中,要明确规划零件摆放的区域,确保零件定点放置,缩短查找时间。相关注意事项以及标准参照如下:

零件放置区标识

名称	零件放置区标识		编号	18
目的	明确规划零件摆放的区域,确保零件定点放置,缩短查找时间			
对象	各种临时存放、固定存放的零部件、材料、半成品、完成品等			
标准	在零部件区域前,竖立名称标识牌,规格可由各单位统一尺寸			
图解				

7.1.19　转工车、移动车标识

在推行 6S 中,要明确搬运工具的存放场所、使用部门及管理责任人等,避免出现拿错或丢失现象,这样可以减少移动工具无人管理的现象。相关注意事项以及标准参照如下:

转工车、移动车标识

名称	转工车、移动车标识		编号	19
目的	明确搬运工具的存放场所、使用部门及管理责任人等,避免出现拿错或丢失现象			
对象	一般移动类的工具车或架台车,如液压叉车、转工车、电瓶车等			
标准	1. 在地面或墙上标识运输工具的原位置(黄线:50 mm)。 2. 在运输工具的显眼位置张贴或悬挂标识牌。 3. 标识牌上应注明工具名称、使用单位、用途、编号、责任人等相关信息			

续上表

名称	转工车、移动车标识		编号	19
图解				

7.1.20 行车标识

在推行 6S 中,也要规范吊装设备管理,使其起到提醒和警示作用,确保安全。相关注意事项以及标准参照如下:

行车标识

名称	行车标识		编号	20
目的	规范吊装设备的管理,并起到提醒和警示、确保安全的目的			
对象	所有行车、电动葫芦、手动葫芦等吊装设备			
标准	1.制作标识牌悬挂或张贴在显眼的位置。 2.制作控制开关固定装置和规定吊装设备的停放位置。 3.吊装结束后,应按图归位			
图解				

7.1.21　工具标识

在推行 6S 中,本着"工具不回家,我就不回家"的目标,统一规范工具的标识,方便管理。相关注意事项以及标准参照如下:

工具标识

名称	工具标识		编号	21
目的	统一规范工具的标识,方便管理			
对象	所有使用的工具			
标准	1. 标签尺寸:80 mm×50 mm。 2. 标识位置为每个柜子的左上角。 3. 柜内小工具实行形迹管理			
图解				

7.1.22　手套/绳索的保管方法

在推行 6S 中,手套/绳索的保管方至关重要,要规范化管理,方便去拿取,避免乱丢乱放,减少浪费,且要美观实用。相关注意事项以及标准参照如下:

手套/绳索的保管方法

名称	手套/绳索的保管方法	编号	22
目的	规范化管理,方便去拿取,避免乱丢乱放,减少浪费,美观实用		
对象	生产现场、库房的各种手套、绳索等		
标准	没有具体的标准,可按照标识清楚、方便拿取、节约空间、美观实用等目的进行制定		
图解			

7.1.23　管道流向标识

在推行 6S 中,管道流向标识也是一个不能忽视的环节。要使排管的流体名、流动方向、压力等可视化;可以预知管道危险性,提高管道的维护效率。相关注意事项以及标准参照如下:

管道流向标识

名称	管道流向标识	编号	23
目的	1.使排管的流体名、流动方向、压力等能够可视化。 2.可以预知管道危险性,提高管道的维护效率		
对象	所有管道		

名称	管道流向标识		编号	23
标准	1. 标签上标明流体的名称、流向、压力、来去地点。 2. Φ80 以上标签规格为 300 mm×165 mm；Φ80 以下规格为：220 mm×110 mm。 3. Φ80 以上规格的字体为 80 号宋体加粗；Φ80 以下规格的字体为 55 号宋体加粗			
图解				

7.1.24　外围管架管线标识

在推行 6S 中，外围管架管线标识常被人们忽视，常用阀门在操作后悬挂状态标识牌，方便学习和管理、减少误操作发生。相关注意事项以及标准参照如下：

阀门开关标识

名称	阀门开关标识牌		编号	24
目的	常用阀门在操作后要悬挂状态标识牌，方便学习和管理、减少误操作发生			

续上表

名称	阀门开关标识牌	编号	24
对象	关键常用阀门		
标准	阀门名称和注意事项为二号宋体，状态为初号宋体加粗，其他规格尺寸如下图		
图解	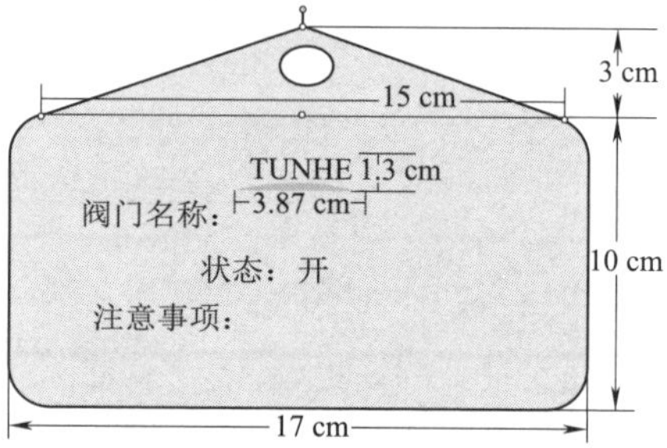 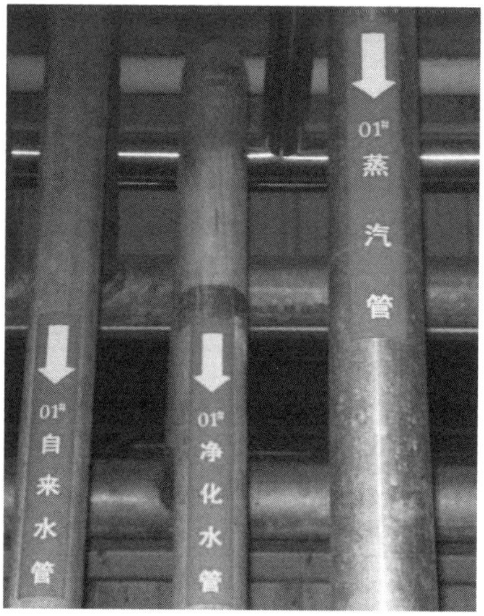		

7.1.25 各种通道标识

在推行6S中，各种通道标识是“三定”的基础。相关注意事项以及标准参照如下：

类别	通道宽度	通道线			区域形成方式	图例
		颜色	宽度	线型		
交叉路口	4～6 m	灰色	100 mm	虚线	以主大门中心线为轴线对称分布	
主通道	2.8～4 m	绿色	100 mm	实线	以通道最窄处中垂线为对称分布线	
人行道	1～2 m	蓝色	100 mm	实线		
道口、危险区	间隔等线宽	黄色/白色	100 mm	斑马线		

7.2 推行 6S 管理常用的标识、规格及材料要求

在推行 6S 中,各种标识、规格及材料要求是有讲究的,来不得半点马虎。为了让读者能一目了然地了解其标识及使用材料要求,特制订下表,以供参考。

各种标识、规格及材料要求

序号	项目/类别	图片以及参考规格	材料要求
1	脚印贴		1. 表层耐磨损,能承受高流量脚踏 2. 粘贴性好、耐水拖擦、易清洁 3. 具有一定的防腐、耐酸碱性能
2	一米线(绿底和黄底两种)	请在此线外等候 Please Wait Beyond The Line ABC 请在一米线外稍等 Please wait beyond the line 规格:0.1 m×1.5 m	1. 表层耐磨损,能承受高流量脚踏 2. 粘贴性好、耐水拖擦、易清洁 3. 具有一定的防腐、耐酸碱性能
3	绿白相间线	规格:0.05 m×1.5 m	1. 表层耐磨损,能承受高流量脚踏 2. 粘贴性好、耐水拖擦、易清洁 3. 具有一定的防腐、耐酸碱性能
4	红线	规格:0.05 m×1.5 m	1. 表层耐磨损,能承受高流量脚踏 2. 粘贴性好、耐水拖擦、易清洁 3. 具有一定的防腐、耐酸碱性能
5	蓝线	规格:0.05 m×1.5 m	1. 表层耐磨损,能承受高流量脚踏 2. 粘贴性好、耐水拖擦、易清洁 3. 具有一定的防腐、耐酸碱性能
6	黄线、黑黄线	规格:0.05 m×1.5 m	1. 表层耐磨损,能承受高流量脚踏 2. 粘贴性好、耐水拖擦、易清洁 3. 具有一定的防腐、耐酸碱性能
7	三角夜光条	规格:0.05 m×1.24 m	1. 表层耐磨损,能承受高流量脚踏 2. 粘贴性好、耐水拖擦、易清洁 3. 具有一定的防腐、耐酸碱性能
8	安全出口标识左、前、右 3 种为一套		1. 表层耐磨损,能承受高流量脚踏 2. 粘贴性好、耐水拖擦、易清洁 3. 具有一定的防腐、耐酸碱性能

续上表

序号	项目/类别	图片以及参考规格	材料要求
9	无线网提示牌		亚克力材质
10	便民服务项目牌		亚克力材质
11	爱心专座套		纤维布材质
12	垃圾桶标识		1.表层耐磨损,能承受高流量脚踏 2.粘贴性好、耐水拖擦、易清洁 3.具有一定的防腐、耐酸碱性能
13	绿植标识		耐磨背胶
14	小心烫伤标识		亚克力材质
15	小心有电标识		亚克力材质
16	发声警报器		耐磨背胶
17	火警电话 119		耐磨背胶
18	报警器按钮标识		亚克力材质
19	废纸请投入标识		耐磨背胶

续上表

序号	项目/类别	图片以及参考规格	材料要求
20	L角		亚克力背胶
21	T角		亚克力背胶
22	当心,只准员工进入标识	当心 Caution 只准员工进入 Staff Only	亚克力材质
23	注意,设备维护,暂停服务	注意 Notice 设备维护暂停服务 Equipment Maintenance Pls Wait For A While	亚克力背胶
24	警告	警告	背胶耐用
25	危险	危险	背胶耐用
26	宠物禁止入内标识	宠物禁止入内 NO PETS	亚克力材质
27	请勿拍照	请勿拍照	亚克力材质
28	生活垃圾标识	生活垃圾 Household Garbage	背胶耐用
29	工作垃圾标识	工作垃圾 Working Garbage	背胶耐用
30	请勿吸烟标识	请勿吸烟	亚克力材质
31	小心地滑	小心地滑 Carefully slippery	背胶耐用
32	小心台阶	小心台阶 Mind The Step	背胶耐用

续上表

序号	项目/类别	图片以及参考规格	材料要求
33	禁止堆物	禁止堆物	背胶耐用
34	消防贴牌标识	消防设备 Fire equipment　消防设备	背胶耐用
35	数字 1～10(填单台)3×3	① ② ③ ④ ⑤	耐磨背胶
36	数字 1～10 (8×8)	⑥ ⑦ ⑧ ⑨ ⑩	耐磨背胶
37	填单台数字大小写对照		耐磨胶
38	填单台凭证中英对照(九个标识为一套)	个人业务凭证　个人综合金融服务申请	耐磨背胶
39	灭火器使用方法	灭火器使用方法 Fire extinguisher use method	背胶耐用
40	消防栓使用方法		背胶耐用
41	自动卷帘门开关标识	电防卷帘开关	亚克力材质
42	手推车存放处	手推车存放处 Trolley storage	亚克力材质
43	使用后请及时关闭电源	使用后请即时关闭电源	耐磨背胶

序号	项目/类别	图片以及参考规格	材料要求
44	款包交接区	箱包交接区　　箱包交接区	耐磨背胶
45	以下情况禁止存入标识	以下情况禁止存入	耐磨背胶
46	库存包临时存放处	库存包临时存放处	亚克力材质
47	空调舒适温度 26℃	空调舒适温度26℃	覆膜背胶
48	请保护好您的密码	请注意保护好您的密码　PLEASE WELL KEPT YOUR PASSWORD	覆膜背胶
49	请当场清点现金	请当场清点现金　Please Check Cash	覆膜背胶
50	农行工号牌	NO.0009　　NO.0006	覆膜背胶
51	废单入口	废单入口	覆膜背胶
52	查询冠字号码解决假币纠纷标识		覆膜背胶
53	如需帮助请按服务键（中英对照）	如需帮助请按服务键　For help please press the service button	覆膜背胶
54	快速业务通道	快速业务通道　Fast Track	1.表层耐磨损,能承受高流量脚踏 2.粘贴性好、耐水拖擦、易清洁 3.具有一定的防腐、耐酸碱性能

序号	项目/类别	图片以及参考规格	材料要求
55	对公回单打印机	对公回单打印机 Public receipt printer	覆膜背胶
56	个人流水打印机	个人流水打印机 Personal running water printer	覆膜背胶
57	凭条打印机	凭条打印机 Receipt printer	覆膜背胶
58	流水打印机	流水打印机 Running water printer	覆膜背胶
59	员工通道	员工通道 Staff Only	覆膜背胶
60	小心玻璃	小心玻璃 Caution! Glass!	覆膜背胶
61	复印机	复印机 Copier	覆膜背胶
62	防护器材	防护器材 Protective equipment	覆膜背胶
63	网银体验机	网银体验机 Online banking experience machine	覆膜背胶
64	自助转账机	自助转账机 Self help transfer machine	覆膜背胶
65	客用点钞机	客用点钞机 Passage currency counting machine	覆膜背胶
66	自助填单机	自助填单机 Self filling machine	覆膜背胶
67	自助查询机	自助查询机 Self inquire machine	覆膜背胶
68	取号机	取号机 Number taking machine	覆膜背胶
69	饮水机	饮水机 Water dispenser	覆膜背胶
70	碎纸机	碎纸机 Shredder	覆膜背胶
71	客用雨伞架	客用雨伞架 Passenger umbrella stand	覆膜背胶

序号	项目/类别	图片以及参考规格	材料要求
72	消防设备	消防设备 Fire equipment	覆膜背胶
73	箱包交接区	箱包交接区　　箱包交接区	覆膜背胶
74	高峰进示牌	高峰提示牌 ABC 中国农业银行	亚克力材质
75	贵金属牌	贵金属价格公告栏 今日金价 388.00元 今日银价 288.00元	亚克力材质
76	温馨提示,谨防受骗		亚克力材质
77	着装规范		亚克力材质
78	防真品	仿真品	亚克力材质

第8章　精益 6S 管理实战道具

在竞争激烈的环境下,企业都在寻找最佳的精益改善方案,以提高企业的总体管理水平,降本增效,实现永续经营。本章将讲解自动化产线构建、智能便捷自动化、生产看板、呼叫警灯、抽检台等实战道具的内容。

8.1　常用道具箱

8.1.1　精益产线

1. 概念

本节所说的精益产线也称低成本智能自动化或简便自动化;指运用自动化技术结合精益生产的理念,利用杠杆、凸轮、曲轴、齿轮、连接装置、气动/电气/电子装置等技术手段,做成的从省力到省人的工装,以达到强质、增效、降本的效果。

2. 功能及实现方式

低成本智能自动化,以其投资少、设计周期短、灵活、维护成本低、全员参与自主改善等优点,被认为是企业实现转型升级的一种高性价比理性的选择。

通过信息化、大数据、AI、物联网等技术实现工业端到端数字集成横跨整个价值链,不再局限于生产本身,以实现用户需求、产品设计、智造和营销配合,实现更有效的生产。

3.样板及对比

以下是常见的样板及特点。

精益产线一/样板对比

样板	图片	优点	缺点	尺寸
样板一		1.结构简单、成本低廉 2.柔性强,换型换产时间短 3.注重人机配合,省力、省人化 4.不追求高速,科学节奏高利用率生产 5.异常时自动检测停止工作,实施品质防错 6.简化作业,提升生产效率	低成本自动化倡导的是持续改善,并非一蹴而就,依赖于专业的团队指导培训,人才培养。自行研究时间成本较高	结合企业自身情况量身定制
样板二		1.结构简单、成本低廉 2.柔性强,换型换产时间短 3.注重人机配合,省力、省人化 4.不追求高速,科学节奏高利用率生产 5.异常时自动检测停止工作,实施品质防错 6.简化作业,提升生产效率	低成本自动化倡导的是持续改善,并非一蹴而就,依赖于专业的团队指导培训,人才培养。自行研究时间成本较高	结合企业自身情况量身定制
样板三		1.结构简单、成本低廉 2.柔性强,换型换产时间短 3.注重人机配合,省力、省人化 4.不追求高速,科学节奏高利用率生产 5.异常时自动检测停止工作,实施品质防错 6.简化作业,提升生产效率	低成本自动化倡导的是持续改善,并非一蹴而就,依赖于专业的团队指导培训,人才培养。自行研究时间成本较高	结合企业自身情况量身定制
样板四		1.结构简单、成本低廉 2.柔性强,换型换产时间短 3.注重人机配合,省力、省人化 4.不追求高速,科学节奏高利用率生产 5.异常时自动检测停止工作,实施品质防错 6.简化作业,提升生产效率	低成本自动化倡导的是持续改善,并非一蹴而就,依赖于专业的团队指导培训,人才培养。自行研究时间成本较高	结合企业自身情况量身定制

精益产线二/样板对比

样板	图片	优点	缺点	尺寸
样板一		1.结构简单、成本低廉 2.柔性强,换型换产时间短 3.注重人机配合,省力、省人化 4.不追求高速,科学节奏高利用率生产 5.异常时自动检测停止工作,实施品质防错 6.简化作业,提升生产效率	低成本自动化倡导的是持续改善,并非一蹴而就,依赖于专业的团队指导培训,人才培养。自行研究时间成本较高	结合企业自身情况量身定制
样板二		1.结构简单、成本低廉 2.柔性强,换型换产时间短 3.注重人机配合,省力、省人化 4.不追求高速,科学节奏高利用率生产 5.异常时自动检测停止工作,实施品质防错 6.简化作业,提升生产效率	低成本自动化倡导的是持续改善,并非一蹴而就,依赖于专业的团队指导培训,人才培养。自行研究时间成本较高	结合企业自身情况量身定制
样板三		1.结构简单、成本低廉 2.柔性强,换型换产时间短 3.注重人机配合,省力、省人化 4.不追求高速,科学节奏高利用率生产 5.异常时自动检测停止工作,实施品质防错 6.简化作业,提升生产效率	低成本自动化倡导的是持续改善,并非一蹴而就,依赖于专业的团队指导培训,人才培养。自行研究时间成本较高	结合企业自身情况量身定制
样板四		1.结构简单、成本低廉 2.柔性强,换型换产时间短 3.注重人机配合,省力、省人化 4.不追求高速,科学节奏高利用率生产 5.异常时自动检测停止工作,实施品质防错 6.简化作业,提升生产效率	低成本自动化倡导的是持续改善,并非一蹴而就,依赖于专业的团队指导培训,人才培养。自行研究时间成本较高	结合企业自身情况量身定制

精益产线三/样板对比

样板	图片	优点	缺点	尺寸
样板一	工作台B WorkbenchB 工作台B结构 45°直接头 1代管材 平行固定接头 直角直接头 直角两端接头 脚轮 脚环 工作台板	1.结构简单、成本低廉 2.柔性强,换型换产时间短 3.注重人机配合,省力、省人化 4.不追求高速,科学节奏高利用率生产 5.异常时自动检测停止工作,实施品质防错 6.简化作业,提升生产效率	低成本自动化倡导的是持续改善,并非一蹴而就,依赖于专业的团队指导培训,人才培养。自行研究时间成本较高	结合企业自身情况量身定制
样板二	工作台A(不带层板-不带脚轮) Table A(without laminate-without Caster) 绑腿设计台面高度750~950 mm可调 250 600 1 750 950 365 794 105 L ■ 部件构成 精益管:1.2复合管(普通黑色PE) 连接件:直角直接头(镀铬) 直角两端接头(镀铬) 平行固定接头(镀铬) 顶盖:复合管塑胶顶盖(普通黑色) 辅件:单边管夹 脚杯:脚杯B(常用) 台面板:16 mm三聚氰胺板防静电皮(哑光)平边条 ●图片为1.2复合管(普通黑色)制作的L1000型,也可选用其他一、二、三代精益管制作 ●如需整体导电规格,请另行咨询。	1.结构简单、成本低廉 2.柔性强,换型换产时间短 3.注重人机配合,省力、省人化 4.不追求高速,科学节奏高利用率生产 5.异常时自动检测停止工作,实施品质防错 6.简化作业,提升生产效率	低成本自动化倡导的是持续改善,并非一蹴而就,依赖于专业的团队指导培训,人才培养。自行研究时间成本较高	结合企业自身情况量身定制

续上表

样板	图片	优点	缺点	尺寸
样板三	工作台E（单层板-不带脚轮）Table E (single deck-without casters)　■部件构成	1.结构简单、成本低廉　2.柔性强，换型换产时间短　3.注重人机配合，省力、省人化　4.不追求高速，科学节奏高利用率生产　5.异常时自动检测停止工作，实施品质防错　6.简化作业，提升生产效率	低成本自动化倡导的是持续改善，并非一蹴而就，依赖于专业的团队指导培训，人才培养。自行研究时间成本较高	结合企业自身情况量身定制
样板四	工作台F（不带层板-带脚轮）Table F (without laminate-with Caster)　■部件构成	1.结构简单、成本低廉　2.柔性强，换型换产时间短　3.注重人机配合，省力、省人化　4.不追求高速，科学节奏高利用率生产　5.异常时自动检测停止工作，实施品质防错　6.简化作业，提升生产效率	低成本自动化倡导的是持续改善，并非一蹴而就，依赖于专业的团队指导培训，人才培养。自行研究时间成本较高	结合企业自身情况量身定制

8.1.2　生产看板管理

看板管理就是在生产过程中显示一些数据，能够让管理人员进行实时监控和管理。

1. 功能

实施生产看板管理是为了达到不管是谁、不论何时都能知道质量和生产状况，实现质量和生产状况的目视化，汇集标准作业票、质量日报、工时日报等。

2. 实现方式

(1)标准作业票

操作者是否正确实施作业，管理者和监督者把操作者的动作和作业票的规定一比就能明白。

(2)质量日报

每天设定目标值，对于异常值，要处理并实施对策，还要防止再发，这是达成目标的管理道具。对于不合格项目，进行分层管理。

(3)工时日报

记录每天的实绩工时，并和目标工时相比。在没有达成的情况下，要找出原因并作出对策。

3. 样板及对比

以下是常见的样板及特点。

生产看板样板对比

样板	图片	优点	缺点
样板一	标准作业 工时日报 产量日报 每小时产量	1.制作简单，一般的广告公司都会做，价格也相对低（约450元） 2.重量轻，方便位置调整	目前还没发现

续上表

样板	图片	优点	缺点
样板二	标准作业票　工时日报　产量日报　管理点检	设置了资料放置区,可以存放历史资料	1.需要专门工位器具厂家制作,价格相对较高(约1 100元)。 2.过于笨重
样板三	生产计数器　工时日报表　品质日报表　点检要领及点检记录放置处	可以实现生产计划与实绩数据电子化	目前还没发现
样板四	前面 标准作业　工时日报　产量日报 背面 每日不良品　资料放置区	1.制作简单,一般的广告公司都会做,价格也相对低(约600元) 2.重量轻,方便位置调整 3.资料放置区,可以存放历史资料 4.可进行每日不良品展示	要增加上面铁片的厚度

8.1.3　呼叫警灯

呼叫警灯是一种提高制造质量和生产效率的有效手段,它能即时显示生产信息、设备和机运故障,生产现场管理人员可以直接掌握生产进度、质量、异常等现状,为其进行管控决策提供直接依据,使员工快速反应解决问题。

1. 功能

使用呼叫警灯,使生产线操作者不用离开生产线就能呼叫必要的人员。

2. 实现方式

(1)绿色灯(呼叫搬运)。为了补充材料、零件,将用完的空箱及时从溜槽滑下,按绿色按钮,绿色灯亮,呼叫搬运,防止生产线停线。

(2)红色灯(呼叫线长)。在生产中发生质量异常或设备异常时按红色按钮,从呼叫线长处理。

(3)(蓝色灯)呼叫检验。当作业者或生产线负责人认为生产线出现了质量异常的现象而自己又无法进行判断,需要检验人员进行调查原因或判断时,按蓝色按钮,呼叫检验人员。当出现设备刀夹具更换、停电或设备故障修复后需迅速检测生产首件时也按蓝色按钮。

(4)(黄色灯)呼叫保全。在生产过程中设备发生异常,由线长确定需要保全人员协助时按黄色按钮。

3. 样板及对比

以下是常见的样板及特点。

呼叫警灯样板对比

样板	图片	优点	缺点
样板一		1.目视效果好,集成了区分开停线的灯箱与生产线线号 2.适用于机加生产线,并与集成式呼叫系统配合使用且安装扩音器	需要专门工位器具厂家制作,价格相对较高

样板	图片	优点	缺点
样板二	呼叫线长 呼叫保全 呼叫搬运 呼叫检验	1. 小巧,市场上的标准件,易采购安装 2. 适用于环境安静、呼叫范围小的组装生产线	声音过小,闪灯亮度不够
样板三		与计数器一体化,金额在 2 300 左右(双面)	暂无
样板四		多条线集中在一个呼叫灯中,方便管理人员判断哪条线出了异常	暂无
样板五		多条线集中在一个呼叫灯中,方便管理人员判断哪条线出了异常	需要在生产现场和生产线同时安装,否则缺一个就不知道需求方在哪里
样板六		多条线集中在一个呼叫灯中,方便管理人员判断哪条线出了异常	需要在生产现场和生产线同时安装,否则缺一个就不知道需求方在哪里
样板七		放入了停机时间的统计,其他呼叫位置和对应部门都是可以设计进去	需要在生产现场和生产线同时安装,否则缺一个就不知道需求方在哪里

8.1.4　计数器

1. 概念及功能

计数是一种简单基本的运算,计数器能实现测量、计数和控制的功能,同时兼有分频功能。

在生产中具体的功能体现在:

(1)把握生产计划的实际完成情况;

(2)把握各时间段生产线的移动情况(可动率)。

2. 实现方式

在实现方式上,涉及以下几个概念:

(1)计划数,根据生产需要而设定。显示器显示各时段的生产计划数。

(2)实际数,完成一个产品计数一次,显示器可显示当前生产数量。

(3)C·T,产品生产出来的周期时间(多少时间完成一个产品)。

(4)可动率,以该生产线一天的实际生产能量,除以该生产线一天的最大生产能量所得的百分比。

计数器以这些概念来反映生产的情况。

3. 样板及对比

以下是常见的样板及特点。

计数器样板对比

样板	图片	优点	缺点
样板一		1. 管理目视效果好(生产进度与线运行状态一目了然) 2. 双面显示厂家定做,简单方便	暂未发现

续上表

样板	图片	优点	缺点
样板二	计划数=生产时间×生产节拍 计划数 33 实际数 23 可动率 69% 可动率（%）= $\dfrac{\text{生产节拍×生产数}}{\text{开工时间}}$	—	—
样板三		与呼叫灯一体化	—
样板四		与呼叫灯一体化,采用无线控制来替代有线连接	无线连接会因为路程和楼层、墙体的阻挡,效果可能会打折扣

8.1.5 修理台

当生产线出现不良品（非批量不良）时，将会将产品直接流出生产线，由线长在修理台上修理，而不能在线上修理，以免影响生产线工时的稳定。

1. 注意事项

在修理台修理要做好记录，特别是一定要将不良内容和修理的方法详细记录下来。

2. 样板及对比

以下是常见的样板及特点。

修理台样板对比

样板	图片	优点	缺点
样板一		能适应现代生产不断改善的需求，符合人机原理，使现场工作人员操作标准、舒适	过于笨重
样板二		表面洁净耐磨	不够牢固
样板三		可独立、可组合、易于调整，可根据作业需要自由设计组装	不够牢固

8.1.6 暂置台

暂置台也叫综合管理台,主要用于放置首检、定期件、末件的合格品,使产品的检验频次与状态一目了然,确保产品的品质,避免不良批次产生。

1. 使用方式

(1)每班上班后,员工自检第一件合格品放入暂置台。

(2)上班后每小时放一件员工自检合格的产品。

(3)出现异常时或刀具更换后,需将恢复正常后的第一件合格品放入暂置台。

(4)每件产品,需要经过线长、巡检员检验,并做合格标识。如发现不合格时要及时停止生产,并将之前所生产的产品追溯,把不良品进行隔离。

2. 样板及对比

以下是常见的样板及特点。

暂置台样板对比

样板	图片	优点	缺点
样板一	检验规程张贴处 首件、定期、末件待检产品放置处 检具放置处 不合格品溜槽 检验记录文件夹放置	通用性比较强,对于一般的产品都能适用,检验标准、检具、量具及检验记录实现目视化管理,制作成本稍高,整体美观性比较好	一般情况下,检验台只能放置在生产线头,无法移动,使检验人员步行时间长,效率低
样板二	首件、定期、末件待检产品放置处 检验记录文件夹放置	通用性比较强,对于一般的产品都能适用,检验标准、检具、量具及检验记录实现目视化管理,制作成本稍高,整体美观性比较好	一般情况下,检验台只能放置在生产线头,无法移动,使检验人员步行时间长,效率低

续上表

样板	图片	优点	缺点
样板三		针对较长的管材设计,管材竖直摆放,节约空间	通用性不强,只能放管材
样板四		通用性较强,功能多,包含:刀具台(背面)、工具台、暂置台。适合一般性的零件	设计简单,检具、量具无法放置,相关的检验记录也无法做到目视化管理

8.1.7 抽检台

抽检台是生产中为保证首件、定期、末件,夹具更换和设备故障后的质量,并保证最小批量产品的质量而设立的道具。

1. 实现方式

按照质量控制计划和 QC 工序表设定的检验频次和内容进行检验。

(1)首检。生产线开始运行时生产的第一个产品,证明开始生产的质量。

(2)末检。在工作完成时生产的最后一个产品,确保最后一批产品的质量。

(3)定期。每一个固定时间抽取产品进行检验,确认从上一个产品检验到现在产品的质量。

（4）刀、夹具更换。生产中由于刀夹具损坏等原因,需要对刀夹具进行更换,要对更换后生产的第一个产品进行确认。

（5）异常恢复。当设备故障等问题修复以后,要对恢复生产的第一个产品进行确认。

（6）产品实施三重检验。员工自检、线长和质保巡检员进行巡检。

（7）对检验的产品做好检验记录和标识。对检验不合格的产品,停止生产线,挂不合格品标牌。

2. 样板及对比

以下是常见的样板及特点。

抽检台样板对比

样板	图片	优点	缺点
样板一		与检验台合并,减省时间、空间与成本	产品放置架通用性差,制作复杂造价高
样板二		制作简单、美观,用于加工线更合适	无法对大件进行测量

8.1.8　巡检推车

巡检推车是为保证生产或采购的产品及时检验,及时发现不良品,防止不良品流到下一个工序,保证产品质量。它是按照常规检验要求配备检验规范、图纸,检验工具及产品的标准样件。

1. 实现方式

在使用中,要求流动检验,自配检具、量具,以免打扰生产线的正常作业。

2. 样板及对比

以下是常见的样板及特点。

巡检推车样板对比

样板	图片	优点	缺点
样板一	 检验规程张贴处 检验器具 检验规程及检验记录文件夹放置	适用于生产线上小部件巡检,检验灵活方便,节省检验时间,提高效率,制作成本较低	大型检具、量具无法放置,检验无法实现
样板二		适用于生产线上小部件巡检,检验灵活方便,节省检验时间,提高效率,制作成本较低	没有专用的检验平板,一些量具,如高度尺无法使用

8.1.9 零件推送车

零件推送车,采用多频度小批量配送,不得一次配置过多部件,目标是要做到成套配送。

1. 注意事项

推车要按规定使用,不同类型推车不能混用,也不要把推车在不同的生产线上使用。

2. 样板及对比

以下是常见的样板及特点。

零件推送车样板对比一

样板	图片	优点	缺点	尺寸
样板一		制作简单,价格低,重量轻,周转灵活	各零部件在车上不能做到区分放置	一般为:1 100 mm × 500 mm(长×宽),根据零部件盒的大小会有区别
样板二		各零部件可以区分放置,并可以放置包材	取中间层和底层零部件有点不方便	
样板三		各零部件可以区分放置	取中间层和底层零部件有点不方便	
样板四		各零部件可以区分放置,方便拿取中间和底层零部件	成本稍高	根据零部件盒大小确定

续上表

样板	图片	优点	缺点	尺寸
样板五		各零部件可以区分放置,并且几辆车连在一起运输(类似小火车样式)	取放底层零部件有点不方便	根据零部件盒大小确定
样板六		可以目视区分各零部件是否都备齐	制作相对复杂,设计要求更精准	根据零部件盒大小确定

零件推送车零件对比二

种类	样板一	样板二	样板三	样板四
冲压件专用车				—
塑料件/铝件专用车				—
轴类/管类专用车				
批量大的零部件/重物专用车				

续上表

种类	样板一	样板二	样板三	样板四
包装泡沫专用车			—	—
焊接完成品专用车			—	—

8.1.10　包材推送车

包材推送车采用多频度小批量配送包材,不得一次配置过多部件,目标是要做到包材的成套配送。

1. 注意事项

推车要按规定使用,不同类型推车不能混用,也不要把推车在不同的生产线上使用。

2. 样板及对比

以下是常见的样板及特点。

包材推送车对比

样板	图片	优点	缺点	尺寸
样板一		设计、制作简单,对包材大小的变化也能适用	包装件比较多的情况,不太好分类放置	

样板	图片	优点	缺点	尺寸
样板二		制作简单,使用时轻巧,方便	包材在车上放置不太容易	根据包材大小会有不同
样板三		能使包材在车上规范放置,并可掀翻、调整,以适用于包装件的大小变化	稍有笨重	
样板四		能使各型号的包材规范放置,并可实现对包材种类的目视确认,适用于包装件比较多的情况	制作成本相对比较高,设计要求更精确	根据包材大小会有不同

8.1.11 桥架

桥架是生产线所需水、电、气及辅助道具合理布局的载体。

1. 实现方式

(1)桥架由设备电缆线槽、气管支撑架、照明灯挂架、风扇或是冷却空调支撑架、标准类文件挂架以及线号、计数器等目视类挂架组成。

（2）电缆线槽与气管分离，有一定落差最佳（气管在电缆线槽下方）。

（3）气管也可以与电缆线槽的底部在同一高度（线槽的托臂只要加长一点，气管就可以放置在托臂上，减少施工的难度。有线槽保护，气管里的水也不易进入线槽）。

2. 注意事项

（1）出于安全的考虑，不建议将水管接到桥架上。

（2）气管的二联件要及时放水。

3. 样板及对比

以下是常见的样板及特点。

桥架样板对比

样板	图片	优点	缺点
样板一		1. 对机加生产车间搭建方便 2. 成本相对低 3. 比较适用于样板线使用	立地式桥架的立柱影响设备移动
样板二		1. 上吊式桥架与地面之间的微调不干涉，不存在立柱 2. 整体布局完成效果相对立地式更加实用美观、大气	由于需要从厂房顶部悬挂挂架以及安装作业有难度，因此费用相对立地式的较高

8.1.12　刀具台

根据企业的不同性质，有些机加工类型车间会使用刀具台。

刀具台一般应用的区域：①抽检区；②刀具区；③工夹具柜；④前面文件摆放。

1. 注意事项

（1）刀具，要透明，管理人员能很清楚地看到报废、待修、合格的刀具。

（2）工夹具柜、放置工装夹具，摆放要遵循 5S。

（3）要在前面放置资料文件，比如考核表、设备故障登记表等信息。

2. 样板及对比

以下是常见的样板及特点。

刀具台样板对比

样板	图片	优点	缺点
样板一	刀具更换呼叫灯 刀具更换计数器 刀具布局图 刀具更换记录表 刀具放置位置 报废刀具箱 待磨刀具箱 刀具记录表文件夹放置	占地小，对刀具较多的线比较实用	计数器容易坏
样板二	刀具更换呼叫灯 刀具更换计数器 刀具布局图 刀具更换基准 刀具更换记录表 刀具放置位置 报废刀具箱 待磨刀具箱	占地小，对刀具较多的线比较实用	加工中心不适合用此刀具管理台
样板三	抽检区 刀具区 工夹具柜 前	前面、后面都能利用	笨重

8.1.13　标准类挂架

标准类挂架能起到说明品质检验要点的功能,汇集作业指导书、检验指导书等,以达到指导员工按标准操作的目的。

1. 实现方式

作业指导书能指导作业员具体操作的程序和方法,能提高作业员的操作技能、作业效率、产品质量。

检验指导书按指导书规定的内容、方法、要求和程序进行检验,保证检验工作的规范性,有效地防止错检、漏检等现象发生。

2. 样板及对比

以下是常见的样板及特点。

标准类挂架样板对比

样板	图片	优点	缺点
样板一		上吊式与地面之间的微调不干涉,不存在立柱	1. 用到一些异型管,需专门厂家制作,单个成本需100多元 2. 需要从厂房顶部悬挂挂架,安装作业有难度,费用相对立式的高 3. 由于放置在设备上方,位置过高,看不清楚内容、不方便更换
样板二		上吊式与地面之间的微调不干涉,不存在立柱	需要从厂房顶部悬挂挂架,安装作业有难度,费用相对立地式的高 注意 不要过高,否则看不清SOP内容

续上表

样板	图片	优点	缺点
样板三		独立立柱架设,方便设备搬迁	1.立地式的立柱部分影响设备线内移动,也可能会影响物流 2.因放置在设备上,位置过高,看不清楚内容、不方便更换
样板四		充分利用设备上方空间,架设在设备上	1.与设备一体,不方便搬迁设备 2.因放置在设备上,位置过高,看不清楚内容、不方便更换
样板五		上吊式不存在立柱,流水线微调不干涉	需要从厂房顶部悬挂挂架,安装作业有难度,费用相对立地式的高
样板六		架设在流水线上,相对悬挂挂架费用较低	工序间设备微调不方便

8.1.14　货架

货架的配置要贯彻库存管理的四大原则:①先进先出原则;②"三定"管理原则;③数量管理原则;④区分物品异常/正常原则。

1.注意事项

(1)要遵守活用物品重力下坠原则。

(2)实现与总装工位物料收容器具通用化与互换,决定各构建零部件最佳收容器具、收容数,同时根据总装作业零件取用顺序布置货架库位。

(3)调查各构成零部件(BOM 清单)采购周期、最小批次采购量、库存安全宽放系数,决定物品最大库存量与最小库存量,并根据收容数决定最大在库箱数。

(4)决定货架宽幅与纵深。

(5)决定货架数量与仓库总体布局方案。

2. 样板及对比

以下是常见的样板及特点。

货架样板对比

样板	图片	优先适用场所	优点	缺点
样板一		工序间店铺	线棒组装材质构成,美观、简单,使用方便	1. 无法实现防尘 2. 不能承受过重
样板二		外协件店铺(仓库)	1. 立体货架支柱、不锈钢板组装构成,带可调动导槽,美观、防尘。每层大约可承载重量 400 kg 2. 可采用现有货架改造,客户硬件改造投资费用较小	新投资费用较高
样板三		外协件店铺(仓库)	方管、圆管焊接构成,网状,美观,导槽滑动自如	1. 制作成本高 2. 货架导槽隔板不可调,零件变动应对性较差
样板四		批量较大工序间店铺	1. 适用于堆放较大批量相同规格零件周转箱的放置 2. 方管、圆管焊接构成,网状,美观,导槽滑动自如 3. 搬运取用作业强度低	1. 制作成本高 2. 货架导槽隔板不可调,零件变动应对性较差

8.1.15　工序内检验台＋不良品溜槽

工序内检验台和不良品溜槽是为了保证产品品质,分层管理员工、自检员工自己判断产品合格与否的装置。

1. 实现方式

员工在作业完成后,通过自检,判断产品合格与否。

(1)合格产品放入合格品箱;

(2)可反修的产品放入溜槽下面一层;

(3)报废产品放入溜槽上面一层。

2. 样板及对比

以下是常见的样板及特点。

工序内检验台＋不良品溜槽样板对比

样板	图片	优点	缺点
样板一	上面一层溜槽要喷红色	小件加工线使用,占地面积小,用于员工判断产品合格与否使用	大件产品不适用
样板二		简单钣金制作即可,适用于小件加工线	大件不适用
样板三		带抽屉,方便放检具	笨重

8.1.16　不良品推车

不良品推车是进行不良品分类的生产辅助载具。

1. 实现方式

线长在当班工作结束后,将不良品溜槽上的产品进行分类,并把不良品交给品质人员进行分析,把不良信息记录到当天的报表上(不良品推移)。

2. 样板及对比

以下是常见的样板及特点。

不良品推车样板对比

样板	图片	优点	缺点
样板一		轻巧	大件产品不适用
样板二		把可返修与报废的产品严格分开	大件产品不适用
样板三		使用便捷	太单一

企业在实施 6S 精益管理过程中,可能会遇到各种各样的声音,每一家企业情况不同,发展阶段不同,所属行业不同,管理的水平也不同,只能因地制宜,因势利导,因时制宜才能把 6S 精益管理实施得更好。

8.2 环氧地坪

环氧地坪是一种高强度、耐磨损、美观的地板,具有无接缝、质地坚实、耐药品性佳、防腐、防尘、保养方便、可以维护等多种优点。还可以根据不同的用途将环氧地坪设计出多种方案,使其起到不同的作用。因此,在 6S 管理中得到广泛的应用。环氧地坪的分类较多,在推行 6S 精益管理过程中,要结合不同的场所选择不同类型的地坪,才能达到预期的效果。

8.2.1 环氧平涂地坪

适用范围:

(1)适用于无重载的工业厂房,如电子、电器、器械、化工、医药、纺织、服装、烟草等行业;

(2)仓库、超市、停车场或其他特殊场所,包括所有的水泥或水磨地面;

(3)有净化要求的无尘墙面、天花板的涂饰等。

性能特点:

(1)外观平整亮丽、色彩多样;

(2)便于清洁、维护方便;

(3)附着力强、柔韧性好、抗冲击性强;

(4)具有优异的耐磨性;

(5)施工快捷,成本经济。

施工工艺:

(1)基面处理:打磨基面、清洁干燥。

(2)底涂:采用渗透性好的环氧封闭底漆刮涂二道,增加地面的附着力,起到封闭作用。

(3)腻子:环氧中涂加石英粉刮涂二道,增加地面耐冲击性和平整度。

(4)面涂:用溶剂型环氧地坪面漆涂二道,使地面光亮洁净,颜色均一无空鼓。

（5）罩光：根据需要滚刷或喷涂罩光漆一道。

工艺图示：

环氧平涂地坪工艺图

8.2.2　环氧砂浆地坪

适用范围：

（1）超市、楼厅、仓库、汽车展厅、汽车修理厂、汽车停车场等特殊场所的地面；

（2）机械性能要求高的场所地面，具有一定冲击性要求的机械、电子、电器、仪表、医药、纺织、服装、食品、烟草等企业厂房的地面。

性能特点：

（1）耐冲击、耐重压、机械性能佳；

（2）防尘、防霉、耐磨、硬度好；

（3）硬化后收缩率小、无裂缝；

（4）耐水、耐油污、耐酸碱等一般化学腐蚀；

（5）外观平整亮丽、色彩多样；

（6）无接缝、便于清洁、维护方便等。

施工工艺：

(1)素地处理:针对全场地面用打磨机把基础地面上的浮物及凸出的部分全部打磨掉;清理干净后,检查地面情况有无裂缝、凹凸不平、油污等情况。

(2)砂浆中涂层:将环氧砂浆中涂主剂及硬化剂混合,充分搅拌;将混合完成的树脂适量加入石英砂;使用镘刀将材料均匀涂布;注意镘涂的厚度要适当,每一层的涂装一定要干燥彻底后,再进行下一层的涂装。

(3)腻子中涂层:用环砂浆中涂材料加腻子粉,充分搅拌均匀后,涂刮施工二道,要求达到平整无孔洞,无批刀印及砂磨印为准。

(4)面涂层:用环氧面漆滚涂,使地面光亮耐磨。

工艺图示：

环氧砂浆地坪工艺图

8.2.3　乙烯基酯重防腐地坪

适用范围：

特别适用于重防腐要求的作业面和工作场所,如强酸、碱池排污沟槽等作业环境。

性能特点：

(1)耐高温,有优异的机械性能和韧性;

(2)可以自由调配固化时间,粘度低,易施工;

(3)低温固化;

(4)在 100℃以下,能抵抗大部分的酸、碱、盐等化学试剂的侵蚀。

施工工艺：

(1)基面处理:打磨清洁,要求基面干燥、平整、无空鼓。

(2)涂刷防腐底漆。

(3)中涂打磨、清洁。

(4)涂刷防腐中层漆加玻纤布的铺设,批刮腻子。

(5)涂装防腐清漆。

工艺图示：

乙烯基酯重防腐地坪工艺图

8.2.4　水性环氧地坪

适用范围：

(1)全水性系统,符合环保要求;

(2)可适应多种基面条件；

(3)中等抗压,耐磨耐污性良好,不惧地下潮气；

(4)多个系统方案备选,满足不同使用要求。

性能特点：

(1)耐磨、硬度好；

(2)环保、防尘、防霉；

(3)无接缝、便于清洁；

(4)耐水、耐油污、耐酸碱等一般化学腐蚀；

(5)固化性能、受温度、湿度影响较小,对湿面有较好的粘接强度。

施工工艺：

(1)基面打磨处理、清理干净。

(2)涂刷水性环氧树脂底漆。

(3)批刮水性环氧树脂腻子。

(4)涂刷水性环氧树脂面漆。

工艺图示：

水性环氧地坪工艺图

8.2.5　环氧自流地坪

适用范围：

(1)航天、航空等无尘无菌高度特殊的场所；

(2)GMP 制药厂、医院、血液制品等无尘菌室，精密机械、微电子制造工厂，机械及化学综合性能要求高的区域。

性能特点：

(1)表面光滑、美观、能达镜面效果；

(2)无溶剂、无气味、无污染、无毒；

(3)具有耐酸、耐碱、耐化学品等性能；

(4)对潮气、烟雾、油类及有机溶剂都有良好的抗性；

(5)耐磨、耐压、耐冲击、耐高温、防水、有一定弹性；

(6)面层施工一次成型、快速方便。

施工工艺：

(1)用专用无尘打磨机将地面打磨清理，去除油污杂物；

(2)涂刷高效环氧底漆一道，涂量要足，如起砂严重地面耗漆量会加大；

(3)完全固化后，刮涂无溶剂中涂砂浆层，依据地面情况涂刷道数；

(4)砂浆层固化后，精细打磨，然后再刮涂环氧腻子；

(5)镘刀镘涂自流平面漆，均匀涂装；

(6)施工完成后，24 小时后可上人，72 小时后可承重。

工艺图示：

环氧自流地坪工艺图

8.2.6 环氧防静电地坪

适用范围：

(1)化学、粉末、机房、控制中心、储油罐等有需要的防静电的地面；

(2)计算机、电子、微电子、通信、印刷、精密仪器制造、仪表制造、精密机械制造等企业厂房地面。

性能特点：

(1)抗压、抗冲击、强度高、韧性好；

(2)防静电性能持久；

(3)漆膜平整、有质感；

(4)易清洁、耐污染。

施工工艺：

(1)素地处理：依素地状况做好打磨、修补、除尘。

(2)防静电底漆：采用渗透性及附着力特强、防静电环氧底漆滚涂一道,增强表面附着力。

(3)防静电中涂：将环氧树脂加入适量的石英砂,用镘刀将其均匀涂布一至二道。

(4)铜箔铺设：导电铜箔采用井型铺设,有效排除累积的静电,并做接地处理。

(5)防静电批土：依实际需要施工数道,要求达到平整无孔洞,无批刀印及砂磨印为准。

(6)防静电面漆：自流平防静电面漆(一道)或滚涂面漆(二道),完工后整体地面光亮洁净,颜色均一,无空鼓。

(7)施工完成 24 小时后方可上人,72 小时后方可重压。

工艺图示：

环氧防静电地坪工艺图

附录一　企业咨询案例

从事企业现场辅导实战这些年,我有机会为100多家企业提供过落地辅导,对各个行业都有了直接的学习、认识、了解,并获得了很多专业的知识和经验。我把这些年的实战经验做了一些记录,分享如下,以供参考。

浙江××汽车零部件有限公司 6S 标准化管理案例

一、客户简介

浙江××汽车零部件有限公司,是一家专业生产汽车离合器系列产品的企业。总部位于汽车零部件产业集群发达的温州瑞安地区。经过十几年的发展,已成为集科研、开发、生产、销售和服务于一体的现代化企业,并初步显现出国内离合器行业佼佼者的风范。

2006年,公司又一大型生产基地建成投产,进一步提升公司的行业综合竞争力。随着企业发展潜力的不断挖掘,公司在基础设施和人力资源方面将有更大力度的投入。

公司目前成功开发了离合器1 000多个品种,60%产品远销北美、欧洲、非洲、南美洲、中东等70多个国家和地区,20%的产品销于国内市场,20%的产品供于国内的主机厂配套,产品取得了国内外客户的信任与认可。

公司先后获得:名牌产品、名牌商标、绿色企业、专利示范企业、精益生产企业、市长质量奖、国家高新技术企业、ISO/IATF 16949国际质量体系认证企业等荣誉。

二、现场诊断

在企业利润低,市场竞争激烈的当下,公司董事长高瞻远瞩,决定启动6S标准化,邀请笔者前去指导,在全公司范围内做6S标准化管理。

公司一角

三、解决方案和收益

正式启动6S管理项目后,以总经理为项目组长,明确了推行6S管理的方针、目标以及具体的推行计划和日程。

(1)成立样板车间,根据企业的实际情况,按照样板车间复制,每个车间逐渐推进落实,形成比、发、赶、超的良好习惯。

6S 管理启动大会

(2)建立标准,让员工按照标准执行,让现场明朗,管理有据可依。

(3)加强员工队伍培训,管理队伍培训,让 6S 深入每一个人的心中。

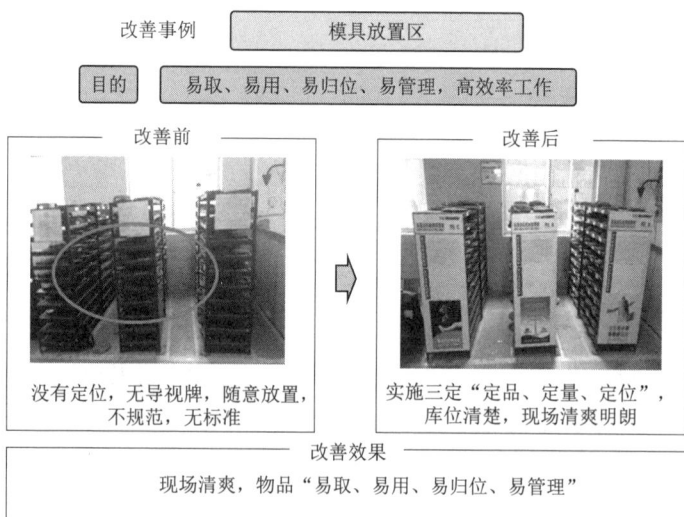

实施前后对比

华信公司生产车间一角

浙江××机械有限公司 6S 管理咨询案例

一、客户简介

浙江××机械有限公司是一家专业生产全自动无纺布制袋机、无纺布印刷机、烫把机、无纺布横切机等无纺布配套设备的生产企业。公司位于浙江省温州市平阳县滨海新区。

公司自创办以来,本着"以品质换取顾客的信赖""持续改进提高,满足顾客需要"的方针,逐渐赢得广大客户的支持和信赖。

公司生产车间一角

二、咨询背景

公司在当地行业中是相当知名的企业,这得益于董事长的英明领导,公司团队充满活力,企业发展蒸蒸日上。企业成立以来,公司也请过很多咨询团队实施 6S 管理,以期更上一层楼,但是有的缺乏落地,效果不佳。

后来我被邀请为他们做 6S 精益辅导。

公司任命总经理曹总对接我们咨询团队,为项目组长,曹总德高望重,处理事情干练,企业管理实战经验丰富。在我们为公司做辅导期间,给予大力的支持,同时,我们也得到公司各事业部总经理以及全体员工的配合。

三、辅导成果

经过咨询团队的辅导,大物流路线得到了梳理,包括车间楼层功能梳理、供应商送货物料进出通道、欧诺工业园区员工通道等环节都得到了全面梳理。车间现场姿态、生产效率等方面取得了显著成效。

(1)品质控制管理优化:从供方管理数据透明化、供应商供货异常矩阵分析,来料检验流程梳理,明确了来料状态区域,促进公司品控系统不断优化。

(2)自动化设备全面优化与升级:欧诺公司投入巨资,精加工车间全面投入各种高端设备,设立恒温刀具管理,从源头控制以确保产品质量。

(3)智能立体仓库全面升级:欧诺改变了原有的仓库管理模式,引进投入了行业上市公司的智能立体仓库,还将导入 AGV、RGV 等智能化,促进仓储、物流全面升级。

(4)ERP 全面升级:在原来的基础上,持续迭代更新,导入最优化,先进的 ERP 系统。

项目在推进中得到高层领导的全力支持,使改善方案能够快速得到决定、实施,确保了改善进度。

公司实施后一角

××锁业有限公司精益生产项目咨询案例

一、客户简介

××锁业有限公司，是一家专业制造和生产电动车、摩托车锁具的现代化企业。公司现拥有员工 300 余人，生产流水线 10 多条，是生产工序集压铸、注塑、自动化插锁芯等全工序自运营的现代化企业。

公司始终坚持以"品质、诚信、创新"为质量方针，不断进取，勇于开拓、积极推动汽摩配锁具产业升级与发展。

二、咨询背景

"随需应变"是同帆发展的定位。如果一个企业没有自己的战略设计，就不可能聚合、铸就一支能征善战之师，就不可能有前途，最终会在市场竞争的风浪中失去方向，被残酷无情的市场抛弃。

公司在董事长的带领下，立足自主研发，不断提升自主创新能力，生产出适应市场需求的优质产品，赢得很多客户的认可与信赖。

笔者在公司精益生产项目启动上讲话

随着市场竞争日益激烈，公司也在努力探索新的方向，力争让客户满意，让企业降本、增效。

随着公司的发展，公司建了新厂房。如果单单是建好了厂房就搬迁，那就等于只换了一个地方生产而已，难以提升员工生产效率，难以满足客户以及市场的需求。于是公司董事会找到了我们咨询团队要求为其提供为期一年的精益生产咨询服务。

这次服务,先是为期一个月的精准调研,我们对公司的历史生产数据、质量数据、工艺数据源、客户反馈的异常数据做了全面的分析,同时对新厂的工艺路线布局做了全面的模拟,并结合咨询老师的专业工具,按照计划大纲落地辅导,成果卓著。

三、辅导成果

经过咨询团队一年的辅导,同帆锁业的阶段性提升归纳如下:

(1)新工厂搬迁:确定新工厂的布局规划;老工厂搬迁到新工厂,恢复工厂生产;构建了新工厂内各个车间生产次序。打造车间展厅管理目视化。

(2)生产效率提升 20%:人均产能提升 11%,日均产能提升 24%。

(3)成本降低:年收益 155.6 万元(含加班时间减少年收益)。

笔者在公司生产车间现场辅导

(4)课题改善:完成 25 个课题改善,课题改善达成率 90%。

公司车间一角

(5)管理者积极支持车间搬迁、课题改善活动,现场管理等各项活动得到积极执行。

(6)建立了良好的项目沟通协调机制,通过专题会议快速有效地组织大家一起解决问题,通过周、月例会对进度,成果及时跟踪总结。

经过一年精益项目实施,车间现场姿态、生产效率等方面都取得了显著成效。

浙江××机械有限公司 6S 现场标准化管理咨询案例

一、客户简介

浙江××机械有限公司成立于 1999 年,是一家专业设计、生产塑胶袋机械及印刷机械的制造企业,公司研制、开发、生产的各种专业机械远销国内外,设备制程符合国际标准,并通过欧盟 CE 安全规范,如今超伟已成为亚洲乃至美洲地区塑料包装机械领域知名品牌。

二、企业面临的瓶颈

公司在董事长的带领下,在行业取得良好的声誉。但是随之而来的竞争也是非常的激烈,适者生存,企业不进则退。高瞻远瞩的丁董事长了解到公司发展遇到的瓶颈,邀请我们团队对其做管理咨询辅导。

三、改善对策

1. 完善 6S 日常管理的组织模式

推行 6S 管理工作如同进行一场战斗,要取得胜利,事先就要进行精心策划、周密部署,建立完善的组织模式。本项目中,公司潘总担任项目组长,各部门主管担任项目组成员,形成全员参与的良好局面。

笔者在公司管理咨询项目启动会议上发表

2. 积极宣传，达到全员参与的局面

通过我们的培训教育，项目组采取多种行之有效的手段，并明确了推进 6S 管理工作的要点，让每个员工都毫无疑问地去执行。在实行过程中，让大家参与，参观学习效果明显的样板车间，相互观摩、指导。

3. 培养积极推行 6S 管理的良好氛围

在咨询过程中，我们拟订了完善的行动计划，让 6S 管理从环境入手，加强"硬件建设"，促进员工"软件"认同，比如环境认同、企业认同、制度认同、团队认同等，从而培养出员工的标准意识和思维，使其能够自觉自律达到标准。

4. 持续改进与监督检查

监视检查的目的是通过监视，使员工形成个人积极做事的习惯；从提升基本要求到达到素养及管理的良性进步。在监视检查中，通过咨询老师现场驻厂指导，针对不同阶段进行检查督导，保证 6S 管理推行达到要求和按时完成。

改善前后成效对比图

5. 推行 6S 管理的标准化

6S 管理推进到一定程度后，就要进入标准化阶段，标准化是制度化的最高形式，可运用到生产、开发设计、管理等方面，是一种非常有效的工作方法。

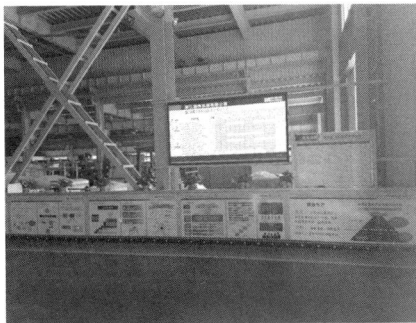

标准化的目的就是放大系统管理,即放大什么时间、什么人、做什么事情、做多少、数目多少。另外,标准化的目的就是做好品质管理,即以顾客为中心、领导表率、全员参与,留意过程控制和管理等。

浙江××紧固件有限公司 6S 标准化管理咨询案例

一、客户简介

浙江××紧固件有限公司是集研发、制造和销售为一体的科技型企业。公司地处温州滨海经济技术开发区,占地 31 亩,建筑面积 32 000 平方米。公司专业生产高强度耐腐蚀的紧固件;产品专供国内外知名摩托车汽车制造商。

二、项目咨询背景

公司从老址搬迁往温州滨海经济技术开发区新厂后,倾力打造,成为行业的隐形冠军。经过朋友介绍,公司总经理戴先生邀请我们团队跟公司董事长交流确认,启动"××公司 6S 标准化项目"。

三、咨询步骤与成果

经过前期调研、分析及多轮讨论,制订了以下实施步骤。

(1)确定公司 6S 推动委员会项目组成员,由公司董事长亲自挂帅。

(2)制定公司 6S 管理实施方案。

(3)结合公司实际情况,推进 6S 管理工作的全面开展。

(4)落实教育培训与习惯化训练。

螺纹车间 包装车间 冷镦车间 机加车间

各车间例会展示

（5）设计、制定车间、班组 6S 管理检查。

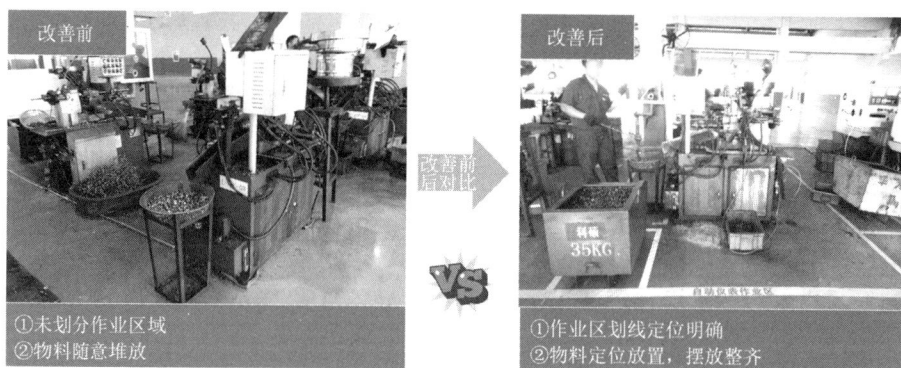

改善前
①未划分作业区域
②物料随意堆放

改善后
①作业区划线定位明确
②物料定位放置，摆放整齐

改善前后对比图

（6）每次检查完都要公布检查结果，并将结果记入公司考核。

（7）开展定置管理活动。

（8）开展目视化管理活动。

（9）将 6S 管理工作标准化、制度化，将目视化管理、定置管理工作标准化，将生产作业的看板管理标准化。

看板展示

瑞安市××汽车单向器有限公司 6S 管理咨询项目案例

一、客户简介

瑞安市××汽车单向器有限公司是一家专业生产汽车起动机单向器、通用动力起动机单向器、行星架驱动轴的企业。地处浙江省瑞安市塘下镇,地理条件优越、交通便利。

公司产品主要以配套为主,现已和全国多家专业起动机生产企业建立了长期稳定的配套合作关系,并有部分产品出口欧美等国。产品因其稳定的性能、合理的价格、优良的售后服务受到了广大用户的一致好评。

二、咨询缘起

2017 年,在一次培训中,公司的高管参加了我们团队老师主讲的课程,正值公司刚好要搬新厂。公司高管高度重视企业工艺流程布局,于是请我们团队报送合作方案。

三、咨询步骤

(1)为了有序开展工作,结合公司的实际情况,我们咨询团队分几个阶段来开展工作:

一是对公司的产品系列做分析,以数据说话,以数据做支撑;

二是对各车间做人机工程测量；

三是结合测量的数据做"三定"布局和精益改善实施。

（2）为了保证项目质量，执行笔者提倡的"1＋1 驻厂咨询模式"，即安排一个经验非常丰富，并且非常有责任心的老师驻厂全程跟踪，教练式驻厂指导。

（3）为确保 6S 管理工作长期、有效地得到贯彻执行，在完成 6S 管理工作的保持改善阶段后，工作进入检查、提高、巩固的阶段。在这个阶段里，老师不再长期在企业工作，而是定期巡回到企业进行 6S 管理工作的指导、检查工作。

（4）习惯化训练。让公司员工养成良好习惯，全员参与，全面贯彻 6S 工作的展开。

（5）导入全员质量提升和智能化生产计划。在现场标准化手册落地后，结合项目实际，导入全员质量提升和智能化生产计划，让全公司上下一心，重视质量，提升质量。同时咨询团队还导入自主研发的"智能化生产系统"，一键录入全程共享的智能化生产计划，为公司的发展奠定坚实的基础。

四、项目收益

经过咨询团队的努力，公司现场的脏乱差现象得到了彻底的改观；营造了一个明朗温馨、漂亮、有序的生产环境，增强了全体员工的向心力和归属感；员工从不理解到理解，养成了从要我做到我要做的良好习惯；经过改善提升，公司在现场标准化、员工习惯化、质量保障、生产准交率等方面得到提升。

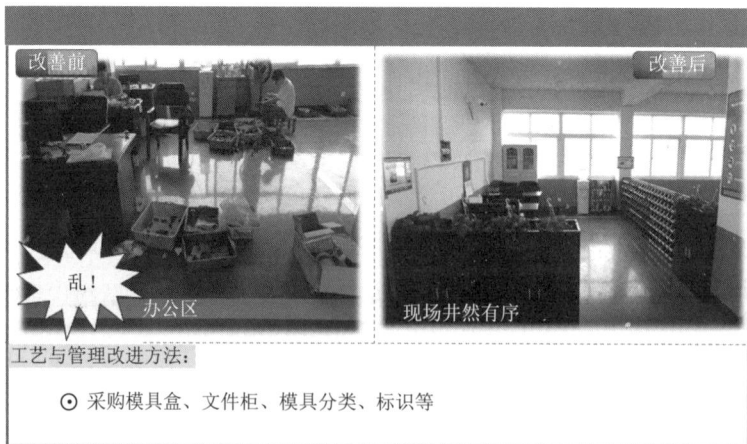

车间办公区、工装区管理改进分享

磨床、冲压管理改进前后对比

车间工具柜管理改进前后对比

零配件仓库管理改进前后对比

夹具管理改进前后对比

浙江温州××汽车配件有限公司 6S 管理咨询案例

一、客户简介

浙江温州××汽车配件有限公司是一家从事各种滤清器的研制和开发,集生产、服务于一体的现代化企业。

公司采用优质的材料,先进的设备和严格的管理,为市场缔造"高效率,长寿命,低阻力"的高品质过滤器。

二、项目背景

公司董事长陈先生是非常杰出的青年企业家代表,他在早些年就请过咨询公司,但是由于种种原因没有给企业带来多大的改变,企业脏乱差的现象依然存在。加上原来老厂房结构老旧等因素,企业在制造过程中存在断流、逆流、交叉流非常严重的现象。

我们咨询团队本着"专业、专注、专精、落地、务实"的原则,通过深入细致的调研,发现公司在生产管理中存在以下问题:

(1)生产布局混乱,现场杂物堆积,在制品积压严重,现场物流不顺畅,现场存在很多让员工易犯错误的死角。

(2)计划管理缺乏统筹管理;生产计划缺乏权威性;计划员多角色:业务员、跟单员、计划员、采购员;信息的及时有效性差;产能、进度,计划总体控制能力和细化不足。

(3)物流管理方面:供方选择不充分,采购计划不明确,到货质量(交期和产品质量)不确定,严重影响交期;库房管理混乱,物料分类、编码、标识不到位,剩料没有及时处理。

(4)技术和质量管理严重缺乏标准,比如采购标准、检验标准,标准细化不到位,工艺操作规程不能真正起到指导生产的作用。

三、解决措施

(1)按照工作计划大纲,开展各项工作任务,让管理团队树立责任心和良好习惯,对公司管理团队做了一系列的培训课程。

(2)现场管理以6S作为应用技术,制定详细可行的现场标准和员工素养标准,在6S实施取得成效、在制品大量减少的前提下,规范调整了生产线的布局,使产品流程更加顺畅。

(3)公司在6S的基础之上,推行"习惯化训练",通过培训和实际效果转变全体员工的生产理念,让他们认识到产品流程积压的危害,通过生产智能排程系统,强化拉动式计划的实施和监督,使产品生产周期缩短明显。另外,企业内部编制详细实用的产品质量标准和生产工艺标准,进一步提升产品的质量水平。

四、咨询效果

通过管理提升,企业在以下方面获得收益:

(1)管理团队的素质得到提升。大部分员工能够正确认识个人与企业的关系，做到个人目标和企业目标的协同。推行 6S 标准化后，企业现场整洁，员工团队士气得到提升，员工认识到规范做事、精细做事的重要性以及对浪费的识别和对其解除的方法，同时也深刻认识到持续学习与创新的重要性。

(2)管理人员能够掌握基本的管理技能和工具：比如拉动式计划、持续维护 6S 标准化、PDCA 的管理方法和技术等。

(3)现场规范流畅。通过 6S 的推行实施，在制品积压减少，生产效率提高，生产流程中在制品的积压量得到压缩。

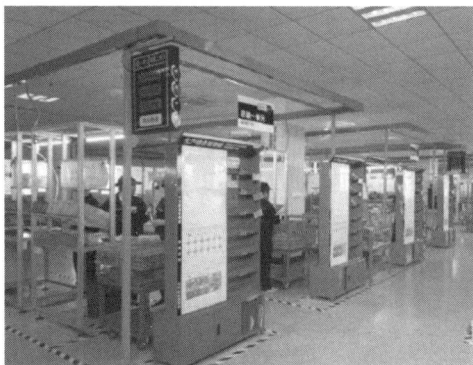

(4)增强了客户的信心。客户到公司考察后都称赞公司进步很大，对企业发展奠定了坚实的基础。

××电子科技有限公司 6S 标准化咨询项目案例

一、客户简介

××电子科技有限公司创建于 1996 年，是全国最早生产霍尔传感器专业的厂家之一。

近几年来,产品行销全国 24 个城市,也打开了国际市场,产品深受用户青睐。

二、项目咨询背景

传感器在工业生产、海洋探测、环境保护、资源调查、医学诊断、生物工程等众多领域都有广泛应用。其中,工业、汽车电子、通信电子、消费电子四部分是传感器最大的市场。公司总经理高瞻远瞩,带领团队在传感器领域闯出了一片天地,受到很多一流主机配套客户的青睐。为了让公司更加规范化、标准化,他邀请笔者对企业做 6S 标准化咨询指导,全方位给公司管理团队、一线员工做教练式的手把手指导。

三、咨询步骤与成果

为了达到推行效果,笔者首先根据企业实际情况,对全员做 6S 管理实战专题培训,让全体员工了解 6S、如何实施 6S、实施 6S 对企业的好处等,并在传感器二楼装配车间做试点推行。建立模板后,让员工树立信心,排除畏难的心理,然后再推广到其他车间与部门。

笔者结合公司实际情况,列出"持续改善清单",由总经办、车间主管组织对全厂不定期进行巡视检查,针对现场问题立即提出"待改善"项目。

充分利用"定点摄影法",将改善前后做充分的对比,并展现公布,让执行者和大家一起评价,让所有改善的问题点暴露出来,让管理者学会发现问题,并提升解决问题的能力。

为了达成项目效果,笔者亲自对公司的相关目视化管理进行设计,确认结果后,制作看板系统、目视管理系统,提升企业的文化气息和良好的工作氛围。

制定标准,落实培训。充分发挥分工合作法,将 6S 进行到工厂区域,将责任划分给各部门，然后再往下细分到每一个人，并把部门内的责任区和物品分配到每一个人，以形成全员参与的良好氛围。

江苏××实业有限公司精益生产咨询项目案例

一、客户介绍

江苏××实业有限公司成立于 2019 年，是汽配生产、贸易企业。

公司主要业务有汽车电机系列（发电机、风扇电机、雨刮电机、暖风电机起动机）、离合器系列、冷却系统（散热器、节温器）、等速万向节驱动轴系列、电喷系统（氧传感器）五大系列。

公司坚持以产品质量为核心，注重产能高效与人才培养相结合，引进专业化的管理服务团队，建立完善的企业管理体系，打造国际一流的汽车零部件制造、销售企业。

二、咨询改善成果

经过朋友介绍，公司高层邀请，咨询团队为其做初期精益辅导，为企业的发展奠定坚实的基础。以下是取得的成果：

(1)实施精益布局，改变原来的布局模式，建立了新的精益产线。

(2)落实了企业 6S"五定"（定品、定量、定位、定人、定责），树立了印刷行业的漂亮工厂标杆。

公司生产车间现场

（3）建立了标准，让员工有据可遵，按照标准执行。

（4）为团队做提升训练及培训。

（5）对公司所有的区域，设备做了"三定"，同时针对性地与管理团队沟通培训事项，为企业发展奠定基础。

浙江××汽摩附件有限公司 6S 管理咨询案例

一、客户简介

浙江××汽摩附件有限公司创建于 1987 年，历经 20 余年的发展，已成为一家集研制、生产、销售于一体的大型汽配企业。

二、咨询背景

公司重视技术研发和品质管理，先后获得几十项国家专利，多个新产品通过省级鉴定。面对国内蓬勃发展的汽车后市场，公司强势进入内销市场，全面启动国内市场。

与时俱进是公司发展的方向，在董事长的带领下，公司整个团队欣欣向荣。为了更加管理规范，公司团队找到了笔者，为其提供为期 10 个月的管理咨询辅导。

三、辅导成果

经过一个月的精准调研，对历史生产数据、质量数据、工艺数据源、客户反馈异常数据做了全面分析,同时对工厂的工艺路线布局做了全面的模拟,根据咨询老师的专业工具,按照计划大纲落地辅导,成果卓著。

对公司管理咨询提升成果归纳如下:

(1)大灯车间、尾灯车间的全面 6S 精益标准建立。确定工厂的布局规划;将原来总现场生产物流方向存在的断流、逆流、交叉流的情况给予梳理、调整,缩短了物流路线,提升了整体效率,减少搬运。

(2)车间展厅化管理目视化打造。在硬件方面,公司投入了自动化设备,风淋室、无尘车间的全面升级、SMT 车间的全面改造等,打造了展厅化的生产车间。

(3)办公室 6S 标准建立。结合公司实际情况,全面开展了办公室 6S 管理,建立办公室 6S 标准。

(4)课题改善。完成 22 个课题改善,课题改善达成率 100%。

(5)建立班组作业基准道场。结合公司的实际,针对所有的班组涉及的管理工具,开展道场培训,手把手地辅导模式得到公司的一致好评。

(6)建立了良好的项目沟通协调机制,通过专题会议快速有效地组织大家一起解决问题,通过培训会、进度会等,成果及时跟踪总结。

附录二 作者就 6S 精益管理问答

读者:很多企业都推行了 6S,但是为什么 6S 管理很难坚持下去?

李家全:水滴石穿,始终不渝。6S 管理是一个看似简单的事情,但想要真正把其做好并长期坚持,绝对不是一件易事。一些企业在推进 6S 时,项目启动轰轰烈烈,项目结束却满腹牢骚,以失败告终,究其原因有以下五个方面需要重视:

1. 高层管理和基层员工认知不统一

有些企业在推进 6S 时,缺乏系统地培训与专业指导,对 6S 管理认知不一致。有些人对 6S 期望过高,认为 6S 就能解决一切问题;而有些人则认为 6S 就是打扫卫生和车间画线;还有些持观望态度,推行过程中犹豫不决。思想认识的不统一,造成部门之间出现意见没有沟通,出现分歧没有解决,最后导致 6S 推进失败。

2. 得不到高层领导的有力支持

6S 是"一把手"工程。6S 在某个公司能否有效并持续下去,很大程度上与公司高层领导对 6S 工作的支持度有关。如果高层领导在各种会议与场合不谈 6S 管理,下层及员工则认为 6S 管理可有可无,最终难以坚持下去。

3. 管理者检查与督导力度不够,流于形式

一些企业难以坚持 6S 工作,与管理者的检查与督导不力有关。他们经常以"工作太忙"为借口,甚至没有去监督检查,导致 6S 工作迟迟不见成效,相关奖惩也难以到位,最终以失败而告终。

4. 6S 没有形成企业文化

推行 6S 管理不能一劳永逸。6S 是一种倡导以现场为中心的管理理念,企业在过去养成的习惯要经过 6S 活动去改变。有的企业,狠抓一下 6S 工作,现场效果非常好;可是稍一松懈,又回归起点,难以持续。在 6S 文化还没有形成之前,各级管理者一定要有打持久战的决心,6S 工作不是一次战斗就能解决的,需要长期坚持,持之以恒,持续改善。养成习惯,6S 才能够形成文化,6S 才能更好地坚持。

5. 没有给员工足够的动力

一个公司最大的客户是员工,老板只有照顾好员工,员工才能照顾好客户,客户才会照顾好公司! 商业的本质就是"利他"思维。在推行 6S 过程中,也要给员工足够的动力,不论是精神层面,还是物资层面,一定要恰到好处,让员工感动,员工才能有足够的动力去参与改善。

读者:假如我是车间 6S 推行人员,我怎样才能在本车间有效推行 6S?

李家全:车间 6S 推行人员是承接本车间与 6S 专员沟通的纽带,其管理能力、责任心、专业水平在很大程度上决定了本车间 6S 推行的是否具有成效。

6S 推行人员应:①积极跟随 6S 专员了解、记录本事业部 6S 问题点及解决方法。②主动核对下发的 6S 持续改善清单,附上改善日期,联络相关部门人员及时改善。③及时跟进各部门改善情况,记录改善中的问题点,不要强调历史和困难,多想办法,多出主意,及时与 6S 专员进行沟通解决问题。④定期与上级领导沟通,反映推进情况,争取上级的重视与支持。

读者:公司什么时候导入 6S 比较合适? 如果在推行 6S 过程中,与生产发生矛盾时如何处理?

李家全:6S 的导入时机,一般不要选择生产旺季或有重大事件期间,否则会影响人力、物力、财力的投入。如果企业并没有明显的淡旺季,则需要在正常生产的同时,挤出一部分精力推行 6S。但要注意的是,不应将生产与 6S 割裂开来。推行 6S 的目的是使生产更顺畅,它对现场管理的强化是结合生产过程的,并非独立于生产活动之外的。当然,部分企业的状况是,生产都忙不过来,哪来时间实施的? 针对这个问题,一方面要分析公司为什么忙,是现场管理混乱还是效率低下。精益管理本身就是解决效率问题,所以,有时间要做,没有时间更要做。另一方面,没有什么是停不下来的,尤其是有问题的运行。假如你驾驶着车,正行走在高速公路上,在行驶中你发现车轮破了,你会说因为正在忙着"开车",而没有时间换轮胎吗?

读者:推行 6S 中,车间员工饮水区、清洁用具放置区这些区域怎么维护?

李家全:要彻底推行 6S,就要全方位地开展。车间员工饮水区、清洁用具放置区属于公共区域,这些区域也要在布局规划时就开始考虑,"三定"完成后要建立标准,让员工按照标准来维护。

读者:我们车间线也划了,标识也有了,可是员工总是不按规定摆放或摆放不整齐,怎么办?

李家全:管理是一门艺术,要充分"洞悉人性,赢得人心"。首先,我们应该检查区域划分是否合理,是否便于取用物品或作业,标识是否清晰、醒目。其次,对员工的培训是否到位,他们是否理解相关规定,是否有不同的意见建议。以上两步确认之后,就要重点实施。对于理解不透而违反规定的,要进行教育;对于故意违反的绝不姑息,应严厉批评甚至处罚。当然,我们建议先树立样板区,样板区的巨大变化一定会让大部分人员积极主动地投入到 6S 的推行中去,这样才能更好地实现企业效益增长。

读者:推行 6S 带来了那么多"额外"的工作,在不增加员工工资的情况下,怎样提高员工的积极性?

李家全:首先,要让员工意识到 6S 并非额外的工作,而是现场管理必不可少的工作。过去积累的问题太多,难以一下了全部改善,这当然要花费一定的时间、精力去解决,这方面领导应给予大力支持。在推行初期可以适当地设立一些奖项,如6S 积极进步奖、改善提案奖等,激发员工参与的动力。此外,6S 的有效推行,在提高工作效率、减少差错、营造良好工作环境方面将产生良好的作用,大家的积极性也会被激励起来。

读者:推行 6S 有没有捷径? 能不能照搬照抄?

李家全:每一家企业的情况不同,所属行业不同,发展阶段不同,管理的水平也不同,只有因地制宜、因势利导、因时制宜才能把 6S 实施得更好。6S"只有更好,没有最好!"6S 的根本就是提高员工的素质,让每位员工参与现场的自主管理中来,不断地提升和改善现场的管理水平;而不是机械地执行命令,被动地做事,需要根据企业的具体情况,采取有效的措施,只有这样才能取得良好的效果。

读者:在目视管理中要求做那么多的标识,这有必要吗?

李家全:目视管理的目的就是能让大家一目了然地看到现场的状态,如果标识不清楚,怎能达到这个目的呢? 目视管理中标识的作用是让大家能一眼就知道自己要取的东西在哪里,要把东西放在哪里,现在设备的状态是否正常等。这绝对不是多余,也绝对不是为了好看。

读者:新工厂 6S 精益布局规划需要注意哪些事项?

李家全:新工厂布局规划是一个重要的课题。在搬迁新厂过程中,如果没有做好规划,后续返工是一件费钱费力的麻烦事。在规划过程中要考虑到:设备布局是否合理,工作地点布置是否科学,搬运路线是否经济、畅通,物流路线是否最接近,是否有柔性生产的特点,物流中尽量减少断流、逆流、交叉流现象的发生,是否具有柔性高、反应速度快、转产损失小等特点。

读者:在推行 6S 中,是不是需要激励员工?

李家全:"想要让马儿跑,必须要给马吃草,不给马吃草,马肯定是不愿意干活的。"人才也是需要激励的。很多时候员工要的不一定是钱,有可能是一种荣誉。懂得激励员工,让懒惰的人也能变得优秀。所以在推行 6S 过程中,要想办法去激励员工。

读者:如何让员工把整理、整顿、清扫、清洁、转化为素养的提升?

李家全:素养是一种文化,是一种氛围,是一种遵守标准的好习惯。员工好习惯多了,自然素养也就提升了,素养提升了也就能促进企业管理水平提升。在推进 6S 工作中,有的企业刻意地推进素养,制定一系列繁琐的礼仪规则,并让员工一项一项地去遵守,他们认为这样就是在推进素养。我的观点则认为,素养不是刻意养成的,素养的提升是一个漫长的过程。在 6S 实战中,素养是在整理、整顿、清扫、清洁的长期推进中,员工积极参与其中,慢慢去纠正过去的一些不良习惯,摒弃一些坏思想,遵守标准的过程。

读者:员工是计件工资,如何推进 6S 管理?

李家全:推行 6S 不存在计时工资才能推进的说法。在计件制工资结算情况下,员工在参与 6S 活动时,往往会误认为 6S 占用自己的正常工作时间,影响自己的效率,最后导致自己收入降低。员工有这种想法是正常的。如何克服上述想法带来的负面阻力,应从以下几个方面去解决:

(1)思想引导与教育,让员工了解到企业是大家命运的共同体

企业要加强员工队伍培训,利用早、晚会时间同员工不间断地灌输 6S 思想与理念,引导员工正确认识,做好 6S 不仅不会影响效率,反而会提高效率,增加收入。同时对个别思想较顽固者,应经常找其谈话,动之以情,晓之以理,不断激励他去做好 6S 工作。让员工了解到企业是大家命运的共同体,当企业生意没有了,哪里来的计件工资。

（2）建样板、树标杆、创楷模

带员工去参观公司 6S 活动样板区，通过员工的亲身体验与感受，学习样板区的成功经验，从而带动员工做好 6S 工作。

对个别思想较先进的员工，鼓励其积极推进 6S 工作，取得成果后即公布张贴，树立 6S 先进榜样，以带动其他员工的积极性。把 6S 工作作为优秀员工评比的一个硬性指标，持续养成一种比赶超的良好氛围。